三星堆之眼

SANXINGDUI ZHI YAN

三星堆之眼

SANXINGDUI ZHI YAN

三星堆之眼

唐敏 李翊枭 主编

西南财经大学出版社

中国 · 成都

图书在版编目(CIP)数据

三星堆之眼/唐敏,李翊枭主编.—成都:西南财经大学出版社,2021.2(2023.7 重印)
ISBN 978-7-5504-4261-0

Ⅰ.①三… Ⅱ.①唐…②李… Ⅲ.①三星堆文化—研究 Ⅳ.①K872.710.4

中国版本图书馆 CIP 数据核字(2019)第 279697 号

三星堆之眼
SANXINGDUI ZHI YAN
唐敏　李翊枭　主编

策划编辑:陈何真璐
责任编辑:陈何真璐
责任校对:廖韧
封面设计:正唐设计
书名题签:三星堆博物馆常务副馆长　朱家可
责任印制:朱曼丽

出版发行	西南财经大学出版社(四川省成都市光华村街 55 号)
网　　址	http://cbs.swufe.edu.cn
电子邮件	bookcj@swufe.edu.cn
邮政编码	610074
电　　话	028-87353785
印　　刷	三河市元兴印务有限公司
成品尺寸	145mm×210mm
印　　张	8
字　　数	177 千字
版　　次	2021 年 2 月第 1 版
印　　次	2023 年 7 月第 4 次印刷
书　　号	ISBN 978-7-5504-4261-0
定　　价	58.00 元

序

古蜀文化魂

三星堆之眼

中国三星堆，古蜀文化魂。沉睡数千年，一醒惊天下。

《三星堆之眼》以清新、流畅、通俗易懂的文笔，精准、翔实的历史文献引用，明确、真实、可靠的出土文物印证，以及深入细致的分析和科学的论证，逐层清除迷雾，次递破解谜团，使伟大而神圣的三星堆文明清晰地、闪亮地出现在我们的面前，让三星堆之眼绽放出灿烂的光芒！

唐敏和李翊枭两位作者是勤奋而睿智的三星堆文化研究家。本书由二人合力完成，唐敏提供原始素材，李翊枭构建思路并成文。他们认真研究了三星堆出土文物，参阅了大量的古籍，如《史记》《春秋》《易经》《山海经》《蜀王本纪》《华阳国志》等；汲取了三星堆文化前辈研究专家的研究成果，创新了研究方法，站在巨人的肩上，奋力攀登，撰写出了这本《三星堆之眼》。

妙用经典名著

华夏文明，是世界上历史最悠久、最灿烂的古代文明之一。中华五千年文脉不断，世代传承，其典籍之浩繁，文物之丰富，成就之辉煌，影响着世界文明前进的方向。

《三星堆之眼》的两位作者充分认识到了这一点，很精准地将经典名著运用到对三星堆文物的解读之中，令人叫绝。

在《古蜀人祖先蚕丛的象征》一文中，在解读“青铜纵目面具”文物时，作者引用《华阳国志·蜀志》“蜀侯蚕丛，其目纵，始称王。死作石棺石椁，国人从之，故俗以石棺椁为纵目人冢也”，并将“纵目”“阔耳”同“目明”“耳聪”相结合，引申为“千里眼”“顺风耳”，并进一步将《道德经》中老子对古代“明君”的形象“挫其锐，解其纷，和其光，同其尘”的描述“叠印”起来，由此证明蚕丛是古蜀人心目中的“明君”。

在《传说中的五代蜀王》一文中，作者用同样的方法，解决了“积三万四千岁”（《蜀王本纪》语）和“尔来四万八千岁”（李白《蜀道难》语）提出的难题，将五代蜀王的历史线索清晰地勾画了出来。在文中，作者旁征博引，恰到好处地引用《说文解字》对“蜀”字的解释、《文选·蜀都赋》对五代蜀王的概括性表达、“蚕陵重镇”的清代石刻的内容，以及生动形象的“杜鹃啼血”典故的由来，自然流畅，一气呵成。读之，令人畅快不已、愉悦不已。

在第二章《天文历法》之《八角星里的洛书九宫》和《宇宙生命树——青铜神树》两篇文章中，作者对《山海经》《尚书》《易经》等内容的引用，更是信手拈来。作者把难以解读的文物“青铜神树”说得明明白白，让人感受到了那个时代朝气蓬勃的气息。

越往后读，读者越能深刻地了解到作者对经典古籍的活学活用，让古籍也由此映射出了“三星堆之眼”的光芒。

百尺竿头，更进一步

前文已经讲过，作者汲取了三星堆文化前辈研究家的研究成果，创新研究方法，站在巨人的肩上，奋力攀登。还得说明的是，他们是“汲取”，不是“照搬”，更不是“囫囵吞枣”，而是“取其精华”，“更上一层楼”。在研究的方法上，他们也有很大的改变，并未停留在简单的文物解读上，而是进行系统研究，融会贯通，高屋建瓴地得出科学的结论。通览全书，这样的例子不胜枚举。

我们仅以作者在《群巫之长——青铜大立人像》一文中对青铜大立人像的解读为例。作者怀着对大立人像的崇敬心情娓娓道来，将《尚书》《山海经》中的经典妙句，信手拈来，有机地嵌入文中，将一篇“文物论文”化为一篇流畅精美的抒情散文。

“显然，（大立人）服装纹饰的两个重要元素是龙和蝉。对龙的崇拜在古蜀国的很多器物上都有体现，……对蝉的崇拜实属罕见。”古人认为蝉吸雨露而生，高洁而神圣。蝉能脱壳重生，《西游记》中唐僧即为“金蝉子”转世。曹植写《蝉赋》，颂扬蝉百折不挠的伟大精神和高尚德行。

最后作者得出结论：“让我们穿越回到三千年前，眼前的景象是这样的：大立人作为古蜀国的大祭司，在特定的时节——夏至，高居庄严的神坛之上，头戴绘有太阳纹的华丽法帽，身披龙袍，光脚站立，以身体通天达地，硕大的双手做着施法的手势，四周围绕着他的是其他巫祭成员，众巫在他的带领下为古蜀国祈求风调雨顺、国泰民安。在这一刻，他不仅是古蜀国的最高统治者，也是一位主持大祭祀的宗庙领袖，更是神的化身！”多么神圣呀，令人敬畏的大立人！

认真解读文物

认真解读文物，让出土文物活起来，请出土文物说话，这是一种最生动、最直接、最令人信服的宣传，也是继承和弘扬三星堆文明的最佳方式。《三星堆之眼》在这方面所做的工作值得称道。

请仔细读一下本书第四章《艺术铸造》之《形态各异的青铜头像》一文，你就会清楚地体会到作者的良苦用心和本书别具一格的研究风格。

在这一篇文章中，作者把三星堆两坑出土的57件青铜人头像“请”出来，对它们的身份、面部特征以及表现出来的气质进行介绍（特别是对它们的“服饰”和“发饰”做了详尽介绍），之后，从中选出了唯一“没有戴面具”的铜人头像来做“代表”，更进一步予以细致、生动而形象的刻画，让这群不同身份的高级“巫祭成员”渐渐地活起来……真是令人不得不服！

关于三星堆文化的研究文章，笔者也读过一些。就阅读时的轻松度和愉悦度而言，能与此书相提并论者鲜矣！还得说两句，在前辈大师们的熏陶下，作者进行了一系列创新：在研究方法上创新，在内容上创新，在写作手法上创新，就连小标题也别具奇思，引人入胜，如“古城布局的自然法则”“龙纹饰上的天干地支”“阴阳交合的菱形鱼纹”……看似平实无华，实则内涵丰富，韵味悠长，引人沉思。

语拙意真，谨以本序表达对伟大而神圣的三星堆文明的崇高敬意！同时对那些热爱三星堆文化、保护三星堆文化、研究三星堆文化、宣传三星堆文化、传承三星堆文化、弘扬三星堆文化的人们表示真诚的感谢！

是为序。

李成元①
2020年6月26日

①李成元，曾任广汉市文化馆馆长，现为中国曲艺家协会会员，有中篇小说集《古蜀风云》、长篇小说《三星堆史话》等作品刊行于世。小品《回家》于2003年1月获四川省文化厅首届群众曲艺大赛金奖；2005年11月，获中央精神文明建设指导委员会办公室、国家文化部第四届全国“四进社区”文艺展演银奖。个人于2000年5月获四川省文联“先进个人”奖，于2004年5月获德阳市文联“文艺成就”奖。

古蜀文明——三星堆

党的十八大以来，以习近平同志为核心的党中央高度重视中华优秀传统文化的传承和发展，始终从中华民族最深沉的精神追求的角度看待中华优秀传统文化，从国家战略资源的高度继承中华优秀传统文化，从推动中华民族现代化进程的角度创新发展中华优秀传统文化，使之成为实现“两个一百年”奋斗目标和中华民族伟大复兴中国梦的根本性力量。

习近平总书记指出，要讲清楚中华优秀传统文化的历史渊源、发展脉络、基本走向，讲清楚中华文化的独特创造、价值理念、鲜明特色，增强文化自信和价值观自信。

古蜀文化是构成中华文明起源和发展图景的重要部分，是中华优秀传统文化的重要历史渊源。

三星堆，神奇的古蜀王国遗址，位于中国四川广汉城西的鸭子河畔，因其古蜀文明遗址内有三个起伏相连的黄土堆而得名。三星堆文物向人们展示出一个文化斑斓、无限精彩的古蜀社会，证明了长江流域与黄河流域一样，同属中华文明的母体。

三星堆文物展现了古蜀人对太阳和神鸟的强烈崇拜，也表达了古蜀人对生命和运动的热爱，蕴藏着中华民族在遵循自然规律和改造自然的过程中的非凡智慧和奋斗精神。对三星堆古蜀文化进行挖掘和阐发，从中吸收营养，并转化为当代社会主义先进文化的一部分，是我们当前面临的十分紧迫而又重要的任务。

“文化自信”来自对中华优秀传统文化的敬畏与传承，来自对民族根与魂的认知与坚守。有了“文化自信”，我们信心十足，就能“信仰坚定”，就能沿着中国特色社会主义的康庄大道奋勇前行。

“格物”而“致知”，“致知”而“格物”。只有探索事物的本质才能真正认知事物，只有发挥人的主观能动性，方可深入探索事物的本质。任何一个事物都会经历产生、发展与消亡的过程。在这个过程中，事物的发展不仅有其因果逻辑，而且也与其他事物互为依存，一并前行。三星堆文明有其独立起源，也与中原文明密不可分。它底蕴深厚，影响深远。三星堆的器物特征与它背后的古蜀人的思想文化不可分割，古蜀人的思想文化同样与中华民族的文明源头不可分割。时间上的前后因果和空间上的对立统一是探索宇宙奥秘的钥匙，也是破译三星堆文明的有力武器。

“鸭子河”结缘“三星堆”，有其独特的文化内涵。“鸭子河”中的“鸟”能达“三界”，上能天际翱翔，中能林间栖息，下能水中潜巡。当神鸟的身躯穿越时空的隧道，回归古蜀国的文明时代，“鸭子”河便留下“甲子”这个时空的印记。六十甲子最古老的用途是纪年、纪月、纪日、纪时，这就是万年历法。据说，天干地支的发明者是四五千年前上古轩辕时期的大挠氏。六十甲子干支纪时是中华民族最早的伟大发明创造之一，它为我们拉开了探索古蜀文明的序幕。

六十甲子来源于土星、木星、水星三星的天文相会现象。土星绕太阳一周约30年，木星绕太阳一周约12年，水星绕太阳一周约0.25年，它们之间的最小公倍数是60年，也就是说大约每60年，土、木、水三星相会。“三星堆”的取名是纯属巧合，还是中华民族的超人智慧使然，这尚待人们去探索。

我们认为，“月亮湾”结缘“三星堆”，或许有其独特的天文含义。与三星堆隔河相望，有一个高出地面的两头尖中间弯的月牙儿似的台地，叫月亮湾，我们称之为“三星伴月”。这些外部特征，反映了三星堆文明的深邃。

“青铜神坛”是天、地、人三界的写照，展示出古蜀人的宇宙观。“通天神树”是天文历法的缩影，折射出古蜀人对自然时空的认知。“纵目蚕丛青铜像”是第一代蜀王的化身，映射出古蜀人对太阳的崇拜。“青铜大立人”是群巫之首，反映出王权、神权集于一身的威严……我们可以从三星堆出土的文物读出天人合一、人神互通的原始宗教观念，以及三界之中的时空观。

万物得其本者生，百事得其道者成。只要我们追踪事物的根源，遵循事物发展的规律，就能揭开古蜀文明的神秘面纱，让中华文明薪火相传。

三星堆如同一座宝藏，让我们书写文物背后的故事和传说，把古蜀文化变成一种内生的动力源泉，使我们像古代圣贤那样格物穷理、知行合一、经世济用，在继承与创新中不断发展，在应时处变中不断升华。

木 子
2020年5月24日

三星堆博物馆综合馆序厅陈列之“三星堆之眼”

“易”说三星堆

——《三星堆之眼》自序

“天真的眼睛到处看到朋友/阴沉的眼睛到处看到敌人/恐惧的眼睛到处看到陷阱/贪鄙的眼睛到处看到黄金/忧愁的眼睛到处看到凄凉/欢笑的眼睛到处看到光明……”这是著名诗人流沙河先生创作的一首现代诗。诗歌通过对各种人眼睛的描述，表明不同的人对宇宙自然、生命真谛的不同认知和感悟。本书名为《三星堆之眼》，从广泛的意义上来讲，旨在表明当今社会不同的人从不同的角度对三星堆文化有不同的看法和解读。在另一层面，本书作者亦有自己的视角，即运用中华文明经典中所蕴藏的人文智慧来解读古老而神秘的三星堆文化。古诗云："会当凌绝顶，一览众山小。"一个人所处位置的高低决定了他对事物本质理解的深浅。站在宇宙的维度感悟生命是哲学，站在生命的高度审视生活是艺术，站在生活的角度体验生存是科技。

"易与天地准。""天垂象，见吉凶，圣人象之；河出图，洛出书，圣人则之。"《易经》作为华夏文明智慧的结晶，被称为"群经之首、大道之源"。其法天象地、天人合一、执本末从、允执厥中的理念，是全人类弥足珍贵的共同精神文化财富。学习《易经》，以其理念看待生活，并从中悟出心得，别有一番滋味。《易经》中所蕴含的宇宙自然哲理，为我们深入了解三星堆文物及其背后所包含的厚重历史文化底蕴开辟了一条新的思路。三星堆出土的文物做工精美，造型多样：有丰富多彩的动物造型、盘龙立鸟的植物造型、盛酒祭祀的器具造型……这些造型形象、生动地为我们再现了三星堆文化。通过深入解读三星堆出土的器物上带有特定文化信息的纹饰，我们仿佛穿越了时空，回到了古蜀时代，看到了拥有崇高地位的"巫"带领着族人在三星堆这片土地上劳作生产、繁衍生息，他们冶炼青铜、制作陶器，每当节气到来之时，生起篝火，载歌载舞，祭祀祈天。

中华文明有着几千年灿烂辉煌的历史，其文化是不断融合发展的。三星堆文化作为中华文化的一部分也不例外。三星堆文化与上古华夏主体部族——"龙师火帝、鸟官人皇"的文化有着关联，这在本书第一章的内容中会呈现给大家。三星堆文化与中原文化有着共通之处，也有其独特之处，其中最吸引人的特点之一就是“巫”文化。对于“巫”文化背后隐藏的更多信息，本书在第三章会向读者朋友们细细道来。“青铜神坛”展示出整个祭祀场景，“巫舞通天”让你了解巫舞的意义……当然，沿着“巫”文化这条脉络往前梳理，会发现出土的祭祀文物及其纹饰中蕴含着天文历法，这同古代中华农耕社会的背景息息相关。

因为祭祀的目的在于“观象授时”，所以上古祭祀中的“巫”文化源于耕种劳作，是观天象、定农时功能的体现，这在第二章“天文历法”中会进行阐述。当然，勤劳智慧的古蜀先民还创造了许多生活用品，这在第四章会呈现给大家。

《三星堆之眼》既是一本展示三星堆文物的图书，也是一本蕴含着经典哲理的读物。希望亲爱的读者朋友阅读本书，走进三星堆的世界，从中感受中华传统文化的博大精深；同时也希望你从古籍经典中领悟古圣先贤的智慧，并付诸实践，真正做到与“道”合一，即“明于盛衰之道，通乎成败之数，审乎治乱之势，达乎去就之理”。

编　者

2020年3月

《三星堆之眼》导读

目录

古蜀文明

天文历法

目录

祭祀祈天

肆 艺术铸造

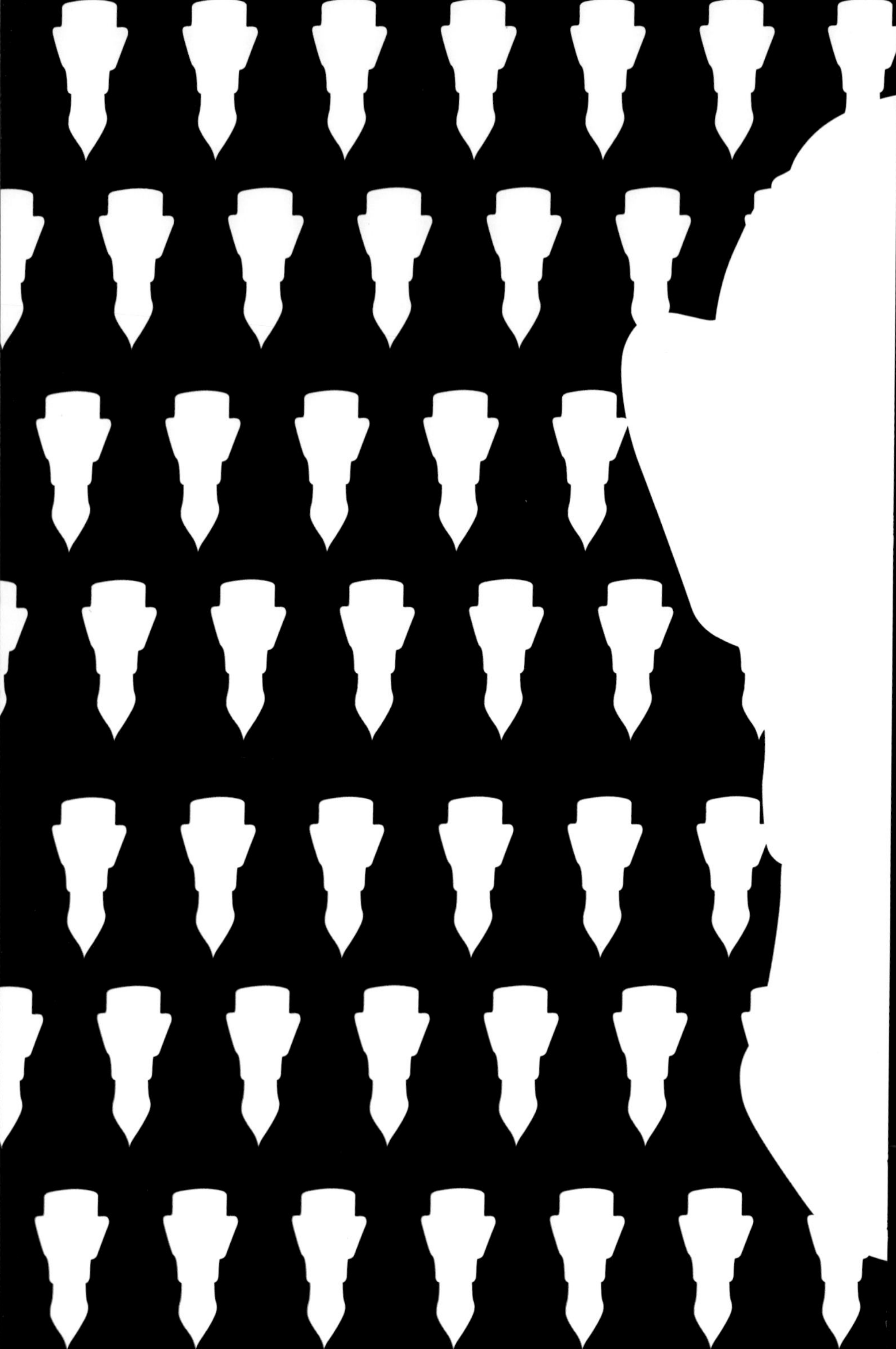

GUSHU WENMING 

古蜀文明

文明的起源

水被称为“生命之源”，万物生长离不开水的滋养。先秦百家经典中，老子的《道德经》提出“上善若水”；当代著作中，日本学者江本胜的《水知道答案》阐述了水对整个自然生态系统的重要性。最早的祭祀活动同样与水有着紧密联系，这在世界各地的考古发掘中也得到了充分印证。华夏文明为“农耕文明”，历来讲求“天人合一”，所以在干旱时，统治阶级会举行盛大的祭祀活动，希望通过向上天祈祷来换取雨露。可以说，人类文明的起源无不与水结缘。

地球上有一条神秘的纬度线——北纬30度线，在这条线上自西向东分布着四大文明古国：古埃及、古巴比伦、古印度、古中国。古埃及文明的起源依托尼罗河，其狭长的地理环境，促使古埃及文明呈狭长带状，是由南向北、多元一体的文明。古巴比伦所在的西亚地区的美索不达米亚平原上有两条大河——底格里斯河和幼发拉底河，其下游冲积平原受干旱少雨环境控制，水量充沛的两河为农业灌溉提供了唯一的保障。古印度文明发源于印度河与恒河流域。华夏文明地处长江与黄河流域，具有顽强的生命力，是四大古文明中唯一未曾中断而延续至今的文明。单从字面来解读“华夏”二字，“华”为章服之美，“夏”为礼仪之大，即我们这个民族不但穿着的服饰华丽秀美、光彩照人，而且我们的先祖们有着深厚的文化底蕴，遵从天人合一的最高自然法则。

《左传·昭公十二年》记载，楚灵王称赞左史倚相是“良史也，子善视之。是能读《三坟》《五典》《八索》《九丘》”。这里提到的书籍谓上世帝王遗书。

《尚书·序》有载：伏羲、神农、黄帝之书，谓之“三坟”，言大道也。少昊、颛顼、高辛、唐、虞之书，谓之“五典”，言常道也。至于夏商周之书，虽设教不伦，雅诰奥义，其归一揆，是故历代宝之 ，以为大训。八卦之说，谓之“八索”，求其义也。九州之志，谓之“九丘”。丘，聚也，言九州所有，土地所生，风气所宜，皆聚此书也。

《易经》是怎样完成的？《汉书·艺文志》载：“人更三圣，世历三古。”《易经》的完成先后经历了三位圣人之手：首先是伏羲，其次是周文王，最后是孔子。经三位圣人之手跨时代合作的《易经》是华夏文明的结晶，被称为“群经之首、大道之源”，其思想文化影响着整个华夏民族。

人类的开端历史多以神话故事的形式流传，通过这些神话故事，我们可以感知远古时期人类的物质生活状况与精神世界。同世界其他古文明一样，华夏文明的开端历史起初也是以神话故事的形式流传，比如“盘古开天”讲述了天地的形成，“女娲造人”讲述了人类的来源，“伏羲画卦”讲述了人类对自然的认知，“后羿射日”讲述了人类对自然的改造等。炎黄子民起初饱受大自然灾害的折磨，但是我们的先祖并未向恶劣的环境屈服，炎帝尝百草，仓颉造字，大禹治水，中华民族的祖先通过对自然的观察，逐渐掌握了一些生存技巧，慢慢学会了与自然和谐相处，居住地也逐渐迁移到地势平坦的平原地带。

学界对于华夏文明的起源有很多不同的观点，苏秉琦先生提出的“满天星斗说”具有一定的代表性。他认为我国数以千计的新石器遗址可以分为六大板块：一是以仰韶文化为代表的中原文化，也就是传统意义上的黄河文化中心；二是以泰山地区大汶口文化为代表的山东、苏北、豫东地区的文化；三是湖北及其相邻地区，其代表是巴蜀文化和楚文化；四是长江下游地区，最具代表性的是浙江余姚的河姆渡文化；五是南方部分地区，从江西的鄱阳湖到广东的珠江三角洲；六是从陇东到河套再到辽西的长城以北地区，最具代表性的是内蒙古赤峰的红山文化和甘肃的大地湾文化。

三星堆古蜀文化遗址是先秦时期长江中上游地区文明的杰出代表。三星堆遗址出土的大量殷商文明时代的玉器和青铜器，证明了古蜀国已经具备高度发达的手工业和青铜铸造业，且原始的宗教礼制非常完备发达，可媲美同一时期的安阳殷墟遗址。但其与中原殷商文明最大的不同在于，目前的三星堆尚没有发现任何文字，只是在出土的陶器上发现少量的刻画符号，具体含义尚未被人解读，因而三星堆文明被认为是神秘的。如果结合古蜀人当时的生存环境，从传统文化的角度来解读三星堆古遗址发掘的文物，那么以三星堆为代表的古蜀文明真相将浮出水面。

得天独厚的古蜀文明

俗话说，一方水土养育一方人。三星堆出土的青铜器群个性鲜明，反映出古蜀人丰富的想象力和创造力。创作源于生活，客观地讲，古蜀人的创作灵感源于巴蜀得天独厚的自然环境。早在晋朝，蜀人常璩便总结过古蜀独具特色的人文特点。《华阳国志·蜀志》记载："其卦值坤，故多班彩文章。其辰值未，故尚滋味。德在少昊，故好辛香。星应舆鬼，故君子精敏，小人鬼黠。与秦同分，故多悍勇。在《诗》，文王之化，被乎江汉之域，秦豳同咏，故有夏声也。其山林泽渔，园囿瓜果，百谷蕃庑，四节代熟。桑、漆、麻、纻靡不有焉。"这是中国历史上比较详尽的关于古蜀地理和人文特点综合性的评说言论。

《华阳国志·蜀志》在对蜀地人文特征的描述中，重点说明蜀人很有才干，民风彪悍、勇敢，"君子精敏"。相比于君子，小人的特点是"鬼黠"。古人认为，蜀人之所以有这样的多重人文特征，与地理位置、天文星象密切相关。也就是说，"君子精敏、小人鬼黠"的地域人文特征与天文星象中的"星与舆鬼"有着某种特殊的联系。

这种天文地理分野的概念出自《周易·系辞》的记载："在天成象，在地成形，变化见矣。方以类聚，物以群分，吉凶生矣。"《周礼·春官》也有"以星土辨九州之地"，以观"天下之妖祥"的记载。后来在《汉书·地理志》详载有天文地理分野表，秦地的天区对应“二十八星宿”当中的“井鬼”。而《华阳国志·蜀志》中提及蜀地“与秦同分”，也就是说蜀地的天区与秦地一致，故称为“星与舆鬼”。从天文学的角度看南方朱雀的“舆鬼”，有星四，属巨蟹座，星光皆暗，中有一星团，晦夜可见，称曰积尸气。《史记·天官书》记载：“舆鬼鬼祠事。”《晋书·天文志》记载：“舆鬼五星，天目也。”《观象玩占》记载：“鬼四星曰舆鬼，为朱雀头眼，鬼中央白色如粉絮者，谓之积尸，一曰天尸，如云非云，如星非星，见气而已。”以上的记载形象地描述了古人心目中的“舆鬼”星宿具有的特征：①相比于其他星团，星光比较暗淡，光亮不够，从视觉上不容易被发现，具有隐晦的特征；②不见其形，只见其气，隐含其神秘性，令人捉摸不定，“如云非云”“如星非星”便是最好的说明。

人们对三星堆青铜器群有这样一些评论：“三千年前就有这样的造型艺术，太不可思议了！”“古蜀人的审美观念太独特了，三星堆的青铜面具有一种说不出的诡异美。”“这批古蜀国的工匠一定是天才！不，是鬼才！他们的创造力、想象力在这批神秘诡谲的青铜器上体现得淋漓尽致！”三星堆青铜文化中所蕴藏的独特造型艺术，粗看毫无章法，各具特色，各美其美；细究精心设计，紧密相连，美美与共。三星堆出土的文物尽管表面形态“千变万化”，但实际上是“形变而神不变”，即万变不离其宗，这个“宗”就是古蜀文明完备的原始宗教礼制系统。这套礼制系统的主体对象为“天、地、人”。在这样一个大框架下，古蜀人的太阳崇拜和太阳崇拜所形成的历法被浓缩化、艺术化、抽象化，并通过这些祭祀重器得以表达。

祭祀坑出土的文物有一千多件。这些文物看似随意堆放，杂乱无章，使其所在祭祀坑容易被认为是灰坑。但仔细辨别你就会发现，所埋入坑内的器物分为三层，底层、中层、上层的器物显然是根据一种特定的宗教仪式程序被置入坑内的。再比如青铜兽面具共出土九件，分三种类型，每型各三件；一号青铜神树分三段，每段有三根树枝，每根树枝站立一鸟，共九鸟；二号神树底座有三个跪坐人像，青铜神坛分为三层……这些出土文物所反映的文化特征无不隐喻着古蜀人“天、地、人”的宇宙观。而寓意太阳崇拜的“纵目”，隐含太阳历法的“八角星”，“一日方出、一日方至”的金乌等更是凸显出古蜀人宇宙观中太阳的重要性。

在三星堆的神巫世界里，所有的信息并未通过文字的形式呈现在世人的眼前，这就需要我们进入“巫的世界”，用巫的思维方式去解读这些带有灵性的器物，这也有助于挖掘其背后的文化内涵。马王堆出土帛书《要》篇告诉我们，巫的最大特点是“赞而不达于数”。三星堆各种造型的青铜器、玉器，以及呈现的图案、纹饰都隐藏着大量的信息，读懂了这些图案、纹饰，也就进入了古蜀国的巫世界。

古蜀文明溯源释说

对于三星堆古蜀文明的来源，学界提出了以下几种不同的观点。一是来源于中原文化。有人认为三星堆文化与龙山文化有关联，其主体部分来自山东。二是与长江中下游地区环太湖流域文化有关。此观点认为三星堆出土的玉器中，有良渚文化风格的玉器，说明其与长江下游地区有着较紧密的文化关联。三是与西北氐羌文化有关。古蜀国第一代蜀王蚕丛生活在岷江上游，其主体文化追根溯源与西北氐羌系最为密切。四是与西南古族传统有关。一般认为三星堆文化是由当地文化与外来文化融合而成的。由于目前的三星堆遗址没有发现文字的踪迹，以上的观点多是从考古学意义上的文化地层分期和器物类型学的角度来阐述的。文明是文化发展到一定阶段的高级形态，早期文明的特征主要体现为：成熟的政治礼仪制度、高度发达的青铜冶炼技术、社会分工形成、完善的天文历法体系……三星堆作为长江中上游古代文明的典型代表，其文明符合早期文明的基本特征。对三星堆文化元素中所隐含的古代历法的解读，可帮助我们进一步了解古蜀文明的根源。

目前已知，古蜀文明的历法体系主要是围绕着太阳崇拜展开的，即古代的太阳历法。我们可以通过发掘出来的青铜器上的图案、纹饰读出许多关于天文历法的信息。

（1）反映了“十日神话”。从青铜大立人身上的纹饰上明显可见：神龙的身体上有十个圆圈，寓意为神龙托着十个太阳在周天运行，其中每两个圆圈一组，共五组。十日神话寓意着以太阳崇拜为核心形成的“十月太阳历”及十天干，而“十天干”是阴阳五行的思想体现。追根溯源，阴阳五行思想滥觞于先天八卦——“河图”（图1–1）。

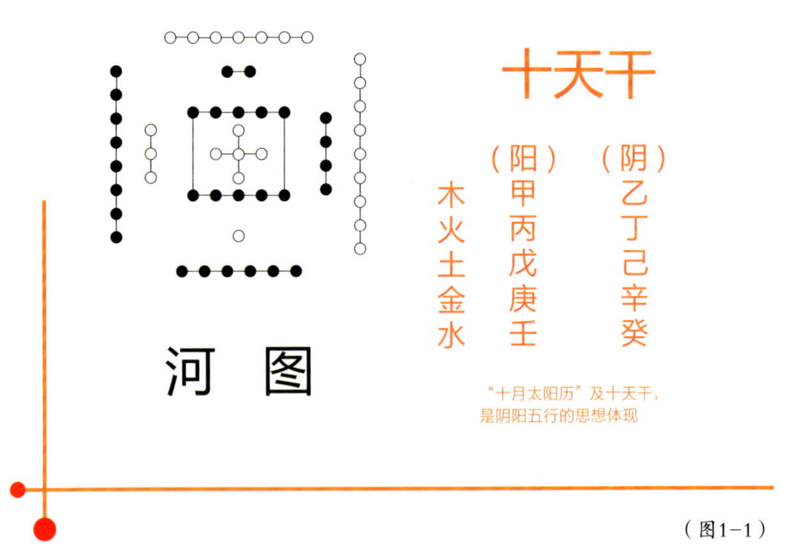

（图1–1）

（2）反映了上古时期的“大火星”纪历。神树上的神龙与青铜大立人服饰上的神龙呈现不同的姿态：神树上的龙是从天而降，大立人服饰上的龙是一飞冲天。“大火星”纪历又称为“六龙季”

太阳历，是上古以苍龙星为历象的太阳历的记载。乾卦中的六爻辞与“龙”有关，爻辞中“六龙”的各种姿态是苍龙星在一个回归年期间周天运行的六种不同状态，每条龙对应一年当中的两个月（月份用十二地支表示，见图1-2）。《左传·昭公十七年》记载：“炎帝氏以火纪，故为火师而火名。”杜预注：“以火纪事名百官。”此历法由播种五谷、发明耒耜、教民务农的炎帝首创。

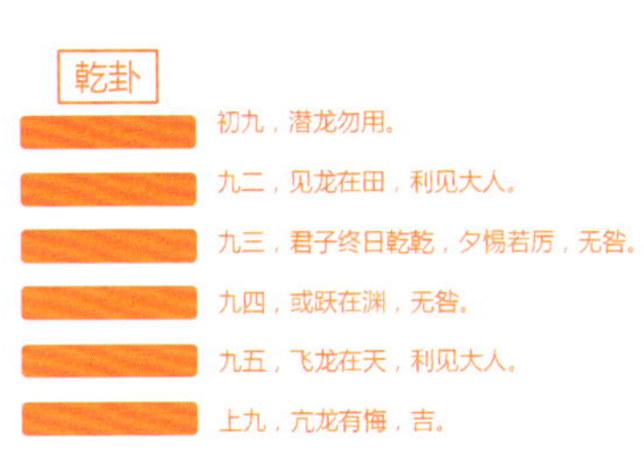

乾卦中的六爻辞与“龙”有关，爻辞中“六龙”的各种姿态是苍龙星在一个回归年期间周天运行的六种不同状态，每条龙对应一年当中的两个月

十二地支

寅	卯	辰
一月	二月	三月
巳	午	未
四月	五月	六月
申	酉	戌
七月	八月	九月
亥	子	丑
十月	十一月	十二月

（图1-2）

（3）反映了“四时八节”太阳历法。八角星图案即《淮南子·天文训》中所讲，子午卯酉“二绳”与寅申巳亥“四维”构成的交午图案。此图案是“四时八节”太阳历法最好的展现。《左传·昭公十七年》所载少昊鸟官们司职“分、至、启、闭”，二分为春分、秋分，二至为夏至、冬至，二启为立春、立夏，二闭为立秋、立冬。此历法源自后天八卦“洛书”体系，由东夷少昊部族首创（图1–3）。

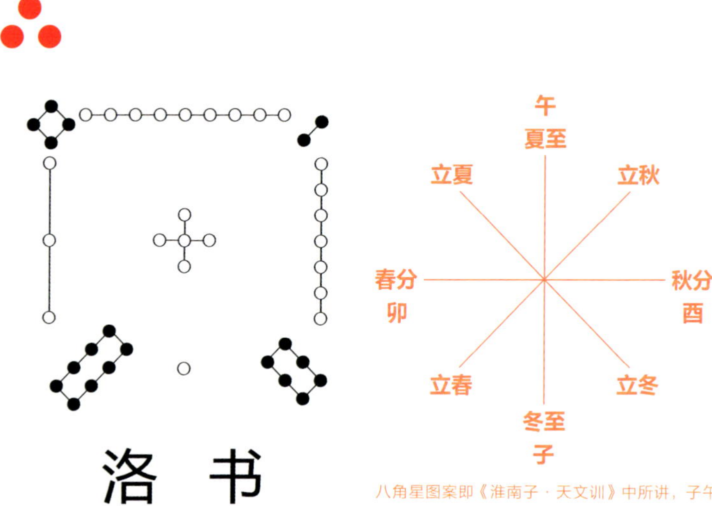

八角星图案即《淮南子·天文训》中所讲，子午卯酉“二绳”与寅申巳亥“四维”构成的交午图案。此图案是“四时八节”太阳历法最好的展现

（图1–3）

根据古蜀历法探源，我们可知，古蜀文明融合了当时华夏各部族的文明，是一个开放的、包容的、具有多元文化特征的古代文明。三星堆古蜀文明不仅呈现了“龙师火帝、鸟官人皇”的华夏文化，更蕴藏着古华夏文明的诸多优良基因，是古华夏文明的高度浓缩。三星堆发掘的青铜器上的纹饰所反映的天文历法信息证明了古华夏各部族文化在历史发展的长河中，取长补短，相互吸收，最终创造出了多元一体的、举世瞩目的“中华文明”。文明因交流而多彩，文明因互鉴而丰富！

“蜀道难，难于上青天。”在人们的传统观念中，蜀地四周崇山峻岭，交通闭塞，与世隔绝。近代考古学、历史学、古文献学对先秦时期蜀地的研究表明，早在张骞开辟“北方丝绸之路”之前，在中国的西南地区已经有一条从四川到云南接缅甸，再接古印度的商贸通道——“南方丝绸之路”（图1–4）。其实丝绸之路的概念最早是德国地理学家李希霍芬在1877年提出的，原意是以丝绸为主要贸易的东西方国家的贸易通道，后来逐渐演变成了东西方文化交流的通道。在我国的历史上，先后出现了四条丝绸之路，分别是大家熟知的“北方丝绸之路”，即由张骞出使西域开辟的从长安（今西安）经甘肃、新疆，到中亚、西亚，并连接地中海各国的陆上通道；“海上丝绸之路”，即从中国东南沿海，经过中南半岛和南海诸国，穿过印度洋，进入红海，抵达东非和欧洲的对外经济文化交流海上通道；“草原丝绸之路”，即东起蒙古草原，贯穿整个欧亚大陆的商贸大通道；“南方丝绸之路”，古称“蜀身毒道”，主要

古代南方丝绸之路上的道路、桥梁、关隘　（图1-4）

是以成都平原腹地为起点，经云南出今缅甸、印度、巴基斯坦至中亚、西亚的交通古道（图1–5）。

据说当年张骞出使西域，到达大夏国（今阿富汗），发现了产自蜀地的蜀布和邛手杖，后来通过了解才知道，这些商品是大夏国当地的商人从身毒（今印度）的商人那里交换过来的。印度古梵文文献中也提到印度教的“大神”都喜欢穿中国的丝绸。而三星堆遗址出土了大量的海贝，经鉴定，这些海贝主要为产自印度洋的齿贝。这说明，可能在商代，中国西南地区的先民们已经与印度开始了商贸文化交流。除了与印度之间的这条交通主线外，南方丝绸之路还有两条支线。一条支线是从云南到越南和中南半岛，历史文献称为“步头道”和“进桑道”。进入20世纪以来，在越南北部发掘的冯原遗址，出土了一批与三星堆同时期的玉璋，且具有与三星堆文物相似的文化特征和面貌。另一条支线是从四川经贵州、广西、广东至南海的“牂牁道”，或称为“夜郎道”。丝绸之路架起了蜀地与外界沟通的一座桥梁，再加之四川盆地独特的地理环境，来自不同地域的文化在三星堆交相辉映。

古蜀先民们以开放、包容的姿态，吸收来自周边地域文化的精髓，使得本地文化与外来文化不断融合、演变，迸发出新的生机与活力。从此一个新型

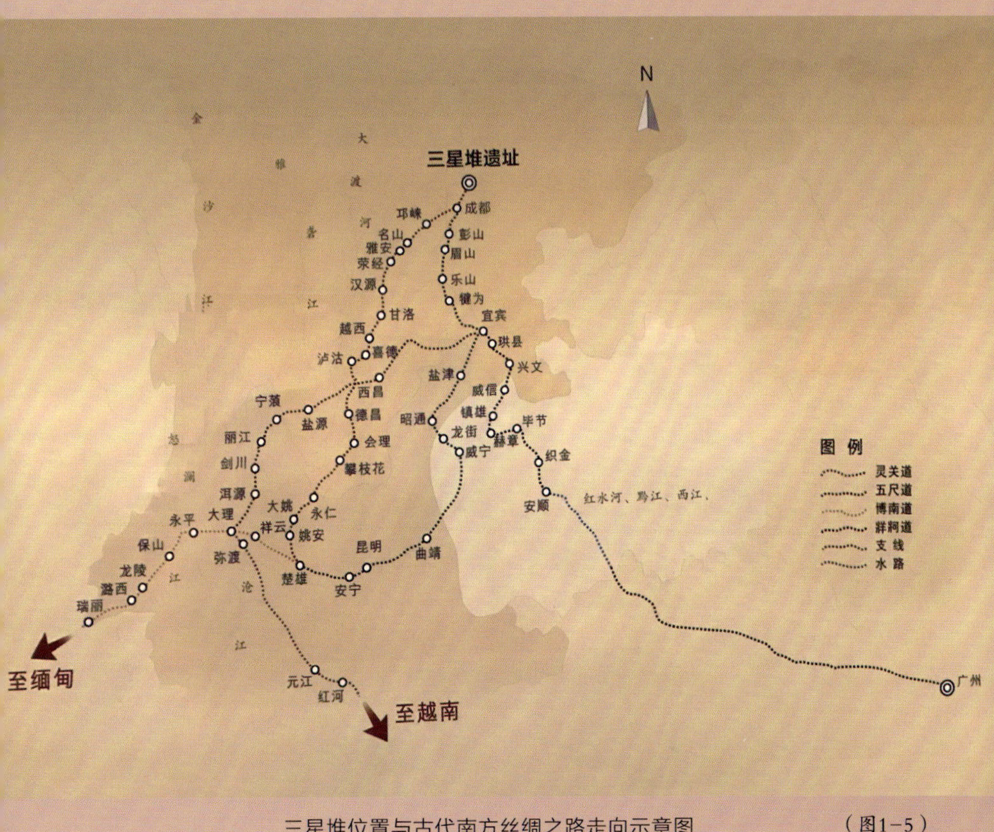

三星堆位置与古代南方丝绸之路走向示意图　　（图1－5）

的、多元混合的文明在这里生根发芽、不断发展，逐渐形成了一道独特的文化风景线。从整个人类的历史来看，人类文明的发展又何尝不是如此？不同的文明相互碰撞、融合，从而推动文明向前发展。

尺有所短，寸有所长。每一个个体都是独一无二的存在，人们既要懂得欣赏自己创造的美，又要包容、欣赏别人创造的美。将各自的美融合在一起，才能实现大家理想中的大同美。大同美的本质就是和而不同的平衡美，正如费孝通先生总结的，“各美其美，美人之美。美美与共，天下大同”。

古蜀国国都——三星堆

今天的成都双流区，有一个华阳镇。说起华阳镇，很多人便联想到古书上提到的“华阳国”。其实，晋朝常璩所著的《华阳国志》里的“华阳”是一个很大的地理范围。“华”指五岳之一的西岳华山，“阳”即阳光所照之处，“华阳”是说华山以南有阳光照耀的这片区域。《华阳国志·蜀志》记载：“其地东接于巴，南接于越，北与秦分，西奄峨嶓。地称天府，原曰华阳。”古人认为，山南水北为阳，山北水南为阴。按今天的地理方位来讲，古书上的华阳国指的就是我国的大西南地区。从实际的考古发掘来看，这种理解与常璩的说法比较吻合，即北达汉水流域，东至荆江地区，西南到大渡河、金沙江一带。这些区域分布着很多遗址和遗迹，这些具有相似文化特征面貌的遗迹构成了庞大的蜀文化圈。此外，《华阳国志·蜀志》还说明了蜀国的中心疆域范围。《华阳国志·蜀志》记载：“杜宇称帝，号曰望帝，更名蒲卑，自以功德高诸王，乃以褒斜为前门，熊耳、灵关为后户，玉垒、峨眉为城郭，江、潜、绵、洛为池泽；以汶山为畜牧，南中为园苑。”根据记载，古蜀文化的中心大致是今天的成都平原，而三星堆正是三千年前古蜀国的国都。

目前，从主流学术的角度来讲，狭义的三星堆是指三个土堆。传说这三个土堆的由来是玉皇大帝从天上撒落到人间的三颗星星。

三个土堆所在的位置被蜿蜒的马牧河环绕，形成一月牙般弯道。清代嘉庆年间的《汉州志》记载这里是一处著名的地理奇观，称为“三星伴月堆”（图1–6）。考古勘探、发掘证实，所谓“三个黄土堆”是与南面城墙大体平行、系人工夯筑而成的城墙残迹，其长度约260米，基础宽度为42米，城墙南侧有深2.4米、宽度30 ~ 35米的壕沟。1970—1986年，当地砖厂取土挖毁三星堆，其残存部分长约40米，高约6米，顶宽5 ~ 7米，底宽40 ~ 45米。学界推测“三星堆”应为古城早期修筑的一道城墙，但因紧邻一、二号祭祀坑，故不排除它在当时具有“祭台”功能。

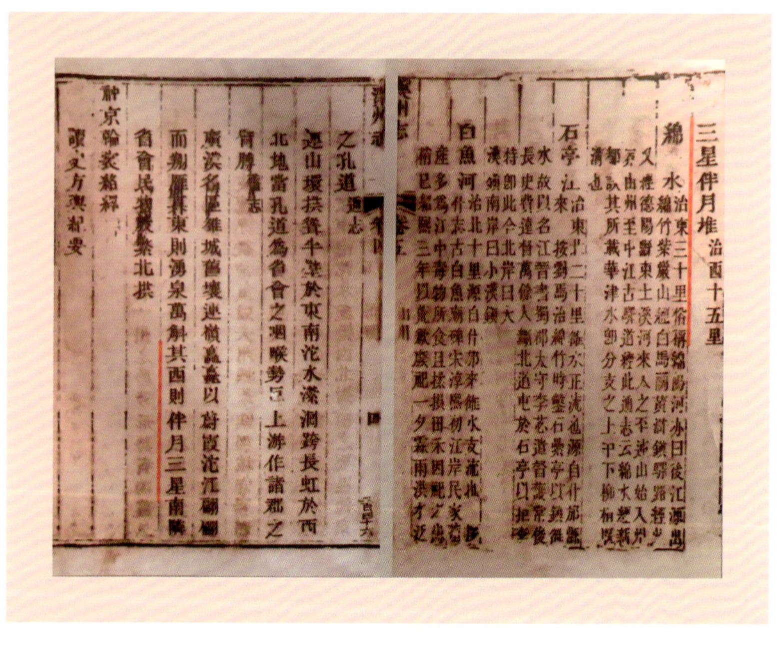
三星伴月堆 治西十五里

綿水

石亭江

白魚河

之孔道 通志

廻山環拱聳千崖於東南沱水瀠洄跨長虹於西北地當孔道為省會之咽喉勢亙上游作諸郡之屏障 舊志

廣漢名區雒城舊壤連嶺矗矗以蔚蔭沱江瀰瀰而翔雁群巢則湧泉萬斛其西則伴月三星南臨省會民物殷繁北拱神京輪奐蕃衍

讀史方輿紀要

《汉州志》中有关“三星伴月堆”的记载 （图1–6）

而广义的三星堆是指古蜀先民繁衍生息之地，也就是三星堆遗址。通过考古证实，三星堆遗址是一座殷商时代的古城遗址，系古蜀国的中心都邑。其分布面积达12平方千米，中心区域是由东、西、南三面城墙围成的一座古城，面积达3.5平方千米，北面靠鸭子河，似乎是以河作为天然保护屏障。从20世纪90年代发掘城墙到随后整个城市功能布局的确定，随着考古的深入，世人对三星堆的认识在不断加深。2016年1月28日，四川省文物考古研究院公布“十二五”考古成果，列第一位的就是北城墙的确认。考古人员在遗址北面发现北城墙，与之前的三面城墙合围，构成一个完整的城池。

考古表明，三星堆遗址的文化年代大约距今4800年至2600年。三星堆遗址的文化年代上至新石器时代晚期，下至春秋早中期，延续时间长达2000年，是目前西南地区发现的延续时间最长、分布范围最广、出土文物最丰富的古文化遗址。根据考古文化分期，一期文化距今4800年至4000年，与传说中的蚕丛时期相对应；二、三期文化距今4000年至3200年，与中原地区的夏、商时代相当，对应传说中第三代蜀王鱼凫时期；四期文化距今3200年至2600年，相当于西周至春秋早中期，对应传说中的杜宇时期。文明是文化发展到一定阶段的高级产物。学术界认为，城市的建立、文字的出现、大型宗教祭祀活动场所的设置及青铜器的产生是古代文明形成的重要标志，三星堆古城墙的修筑年代及出土的青铜器年代属于考古文化分期的二、三期（夏商时代），这个阶段被认为是古蜀文明形成的重要阶段。三星堆遗址的主体年代对应中原河南安阳的殷墟年代，因此，三星堆也被称为“南殷墟”。

古城布局的自然法则

成都平原是受沱江、岷江及其支流冲积形成的冲积扇平原，以都江堰市为顶点自西北向东南倾斜。在这一区域，考古发掘了很多史前古城址群，例如新津区龙马宝墩遗址、都江堰市芒城遗址、温江区鱼凫城遗址、郫都区古城村遗址。这些新石器时代的古遗址面积大多在几十万平方米，而属于夏商时期的三星堆遗址面积则有上百万平方米。这些古城址群的周边还发现了不同时期的聚落群，有力地说明了很早以前就有人类在这块风水宝地上繁衍生息。三星堆古城北面的鸭子河属于沱江的支流，流向是自西北向东南。顺着水流方向看，三千年前古蜀人修建的古城位于鸭子河的右岸。古城大致为梯形，呈西北—东南走向，与河流方向一致。

或许有朋友会提出疑问，古蜀人为什么不在河的左岸建立都邑呢？这里要说一说从古代流传至今的“风水效应”。由于中国地理特征主要体现在西北方位地势高，东南方位地势低，水起源于青海三江源，自西向东汇入大海，河流的方向是自西向东。对于生活在北半球的居民来讲，顺着水流的方向看，通常情况下右岸多滩涂，水草丰盛，牛羊也比左岸更加肥美。古华夏祖先们经过长期实际观察，便形成了一种“江右为吉”的观念，这便是人们常说的风水。自然而然，当人类从游牧文明进入农耕文明之后，君王们沿用了祖先们所留下的这一套风水相地的理论，更多地把都城建立在河的右岸。从实际情况看，三星堆古城的选址布局完全符合“江右为吉”的风水理念（图1–7）。

三星堆古城功能区划示意图（图1–7）

古城外围，即东、西、南、北四面城墙外，在遗址靠近鸭子河的北面还发现了月亮湾城墙。该城墙的修筑方法较为原始，主要是用斜坡夯筑的方法层层夯筑，城墙外壁有的经过削切，更显陡峭。而城墙不仅有防御功能，还具有一定的防洪作用。在城墙外面有壕沟，分别与北面的鸭子河、穿城而过的马牧河相连，说明古城的水路体系非常发达。另外，马牧河从遗址穿流而过，把整个古城一分为二。城址的面积达到360万平方米，推测三星堆古城可能是由几个小城组合发展起来的。从西城墙至月亮湾台地到月亮湾城墙，这一区域地势较高，建筑遗迹非常密集。城址内的青关山宫殿遗址面积达1000平方米，是目前已知的三星堆古城内最大的单体建筑遗迹，台地四面被水环绕，再加之四周出土了众多的器物，包括象牙、玉器、青铜器等国之重器，这俨然是古蜀人心目中宫殿区的理想所在地。而遗址内靠近南城墙附近的三星堆祭祀坑出土文物最为集中，且出土的器物有明显被砸毁和焚烧的痕迹，这反映出一种特殊的祭祀仪式。因此，这一区域被认为是古城的祭祀活动中心。

位于月亮湾台地之上的宫殿建筑朝向多为东南，鸭子河的流向为自西北向东南，而祭祀活动区的祭祀坑朝向为西北方位。这样的古城布局显然经过古蜀人的精心设计，或许这正是古蜀人对宇宙和自然的认知和领悟。三星堆古城布局所遵循的“法天象地”“天人合一”的自然法则，毫无疑问地彰显出三千年前的古蜀国已经发展成为一个高于氏族部落，独立的、稳定的政治实体。三星堆体现的文明是长江中上游早期人类文明的杰出代表。

传说中的五代蜀王

四川，古称“蜀”。《说文解字》记载：“蜀，葵中蚕也。从虫，上目象蜀头形，中象其身蜎蜎。”蜀的原始含义为蜷曲身体的蚕（图1–8）。在甲骨卜辞中也有关于“蜀”的记载（图1–9）。华夏文明的历史起源于三皇五帝的神话传说。据说轩辕黄帝的元妃叫嫘祖，是古代四川盐亭县人，嫘祖的丰功伟绩正是发明了蚕桑养殖的技术。嫘祖和黄帝结为夫妻后，蜀地的蚕桑养殖技术推广到了整个华夏大地。《史记·五帝本纪》记载：“黄帝居轩辕之丘，而娶于西陵之女，是为嫘祖。嫘祖为黄帝正妃，生二子，其后皆有天下：其一曰玄嚣，是为青阳，青阳降居江水；其二曰昌意，降居若水。”神话传说中把嫘祖说成是养蚕缫丝方法的创造者，北周以后嫘祖被奉为“先蚕”（蚕神）。

关于蜀与黄帝部落的关系，《华阳国志·蜀志》记载：“蜀之为国，肇于人皇，与巴同囿。至黄帝，为其子昌意娶蜀山氏之女，生子高阳，是为帝喾。封其支庶于蜀，世为侯伯。历夏、

甲骨文“蜀”字图录　（图1-8）

甲骨文有关『蜀』字的记载

□寅卜，㱿贞，王𢦏人正蜀（《后》上9.7）

丁卯卜，㱿贞，王𦎫缶于(与)蜀（《粹》1175）

贞，𠬝弗其戋羌、蜀（《铁》105.3）

丁卯卜，共贞，至蜀，我又(有)事中（《纂》547）

癸酉卜，我贞，至蜀无祸（《乙》811）

甲骨文有关『蜀』字的记载　二

三星堆博物馆制

癸巳卜，贞，旬在蜀（《库》1110）

贞，蜀不受其年（《乙》5280）

王占曰，蜀受其年（《乙》6422）

缶罘蜀受年（《乙》6423）

……壱蜀……（《乙》7194）

□蜀御□（《铁》1.30.6）

……蜀射三百（《铁》2.3.8）

庚申卜，母庚示蜀不用

（《南明》613）

《班簋》铭文：作四方望，秉、緐、蜀、巢

（图1-9）

商、周。武王伐纣，蜀与焉。其地东接于巴，南接于越，北与秦分，西奄峨嶓。地称天府，原曰华阳。故其精灵，则井络垂耀，江、汉遵流。”

自古蜀中多俊杰，汉代蜀地有个大学者叫扬雄，写过一本书叫《蜀王本纪》，述说蜀地早期的历史。《文选·蜀都赋》注：“蜀王之先名蚕丛，柏濩，蒲泽，开明。是时，人萌椎髻、左言，不晓文字，未有礼乐，从开明上到蚕丛，积三万四千岁。”晋朝的常璩依据《蜀王本纪》等资料在《华阳国志·蜀志》里将蜀王世系表述为：有蜀侯蚕丛，其目纵，始称王；次为柏濩，继为鱼凫；至杜宇教民务农，七国称王，杜宇称帝，是为望帝，禅位于开明，开明号从帝……

接下来我们来梳理一下传说中的五代蜀王。先祖为蚕丛，长相很奇特，其目纵，即有一双向前伸展的眼睛。他的主要功劳和另一位蜀地神话人物嫘祖一样，为教民种桑养蚕。蚕丛部族生活在岷江上游的茂汶地区，至今在当地还有“蚕陵重镇”的清代石刻。第二代蜀王叫柏濩，关于他的故事很少，只知道柏濩的称号是以鸟命名的。第三代蜀王为鱼凫。鱼凫即鱼老鸹，是当地一种捕鱼的水鸟。由于这三代蜀王的历史时期太过久远，唐朝大诗人李白也感慨道：“蚕丛及鱼凫，开国何茫然，尔来四万八千岁，不与秦塞通人烟。”第四代蜀王杜宇和他的继任者开明之间的故事就丰富多了。据说杜宇教民务农，深受当地百姓爱戴。后来国家发生了水患，开明奉杜宇之命，外出治理水患。开明完成任务回来后，赢得了民心。杜宇年事已高，就把王位禅让给了开明，退隐到西山。杜宇死后，化为杜鹃鸟，啼声凄切。杜鹃口腔呈血红色，叫声又凄切，人们便以为杜鹃叫的时候口腔在流血，这就是“杜鹃啼血”典故的由来。不仅古蜀国有关于鸟的众多传说，在甲骨文、金文中“鸟”出现的频率也非常高（图1-10）。

甲骨文、金文中的“鸟”

（图1-10）

从五代蜀王的传说中不难发现，其中的柏灌、鱼凫及杜宇都以鸟命名，再结合实际的考古断代和出土文物来看，大量的文物造型和图案与传说中的蜀王鱼凫、杜宇最为贴切，即常璩《华阳国志》中所言的古蜀国是真实存在的，并且古蜀国以鸟作为族徽。

蚕丛的象征

古蜀人祖先

祖先崇拜是上古时期各个部落民族共有的文化现象。正如儒家所说："神不歆非类，民不祀非族。"青铜面具当中融入的与鸟相关的造型艺术，有力地证明了学界对于三星堆遗址的主体年代与传说中的第三代蜀王鱼凫相对应的推论是有说服力的。那么传说中的第一代蜀王蚕丛已经被古蜀后来的子民遗忘了吗？答案是否定的。遗址内出土的另一件青铜面具让我们把视角转移到了蚕丛的身上。

这件大面具，面部呈半圆弧筒状，宽138厘米，高65厘米，使用分铸法铸成。其鼻子呈鹰钩状，两侧有勾云状内卷，嘴巴一直到腮，嘴角微微上扬，似乎带着一丝神秘的微笑。双耳尖长，呈戈状，耳廓装饰有勾云纹。两耳侧上、下各有一方形孔，作为固定面具之用。不同于其他面具的刀眉、栗眼，这件面具的眼球呈柱状，向前伸展达16厘米。眼部上方的额头中央有长方形凿孔。结合出土的另外几件"凸目"面具来看，凿孔是用于安装装饰物件的，并不是所谓的第三只眼——"天眼"（图1–11）。

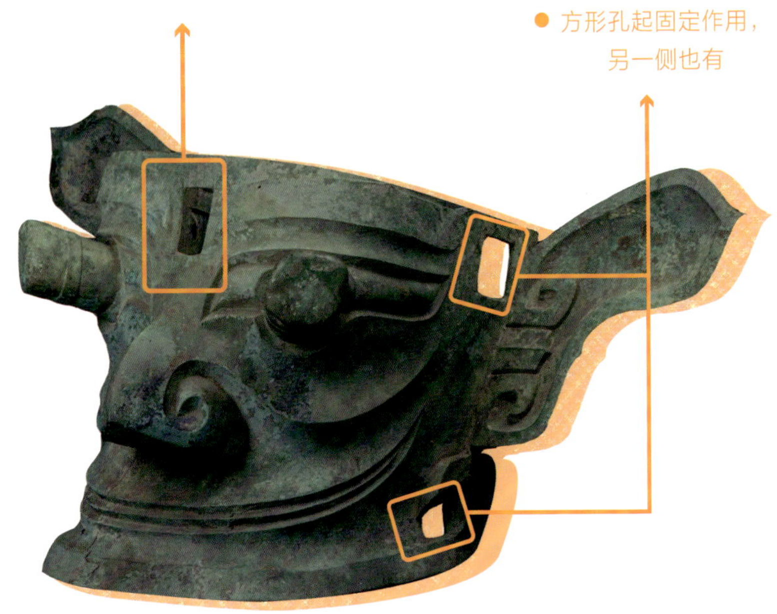

（图1-11）

学界认为，此大面具的特征与传说中蚕丛王的特征极为相似。《华阳国志·蜀志》记载：“蜀侯蚕丛，其目纵，始称王。死作石棺石椁，国人从之，故俗以石棺椁为纵目人冢也。”因此蚕丛也被称为“纵目人”。人们常用纵目来形容放眼远望，也常用看得远来形容有远见。在古蜀人看来，他们的祖先蚕丛能带领他们劳作生产，而面具上的“纵目”造型何尝不是这一情感的寄托？

《礼记·祭法》记载：“夫圣王之制祭祀也，法施于民则祀之，以死勤事则祀之，以劳定国则祀之，能御大菑则祀之，能捍大患则祀之……非此族也，不在祀典。”只有立下了丰功伟绩的人，才有资格被族人供奉在神庙中，接受一代又一代人的铭记和赞颂。《蜀水经》记载：“沫水亦名铜江，在古为青衣水。蚕丛氏青衣劝农，子孙遂为青衣国。”蜀王蚕丛不但教民种桑养蚕，还带领民众从事农业生产，对子孙后代的生存和发展做出了重大的贡献，符合“以劳定国则祀之”的要求。这种青铜大面具的凸眼，很可能还原的就是最原始的“纵目人”形象，它是古蜀人祖先神崇拜最直接的产物。虽然蚕丛距离鱼凫时代已经很遥远，但后人在心目中将蚕丛王作为古蜀国的鼻祖。

康德认为人类知识形成的两大条件：一是感觉，二是悟性。前者提供知识的对象，后者产生思维的概念，两者合一正是一切知识的基本要素。由此看来，所谓聪明是从耳目的官能开始，终于复杂精巧的思考与论证。耳聪目明，俨然打开了知识的窗口，同时也让我们和这世界有了真真实实的接触。而蚕丛王不但眼睛外凸得非常厉害，而且有硕大无比的耳朵，可谓“千里眼、顺风耳”，这其实就是一个“目明”“耳聪”的智者的形象。用现在的观念来看，这件纵目面具也可以说代表的是古蜀人心目中理想的“明君”形象。所谓“明君”都具有“耳聪目明”的特征，即擅于用眼睛观察外界的事物而具有分辨善恶的能力，用耳朵倾听不同的声音而施行仁政来改善民生。除此以外，面具造型中那张极为夸张的大嘴，似乎面对着世人在神秘地微笑，这实际上体现的是一位“明君”本身对外界所具有的一种亲和力。借用老子《道德经》中的一段话来描述这件青铜纵目面具所体现的古蜀人心目中的“明君”再合适不过了——“挫其锐，解其纷，和其光，同其尘”（图1–12）。

耳聪目明，
一副智者的形象

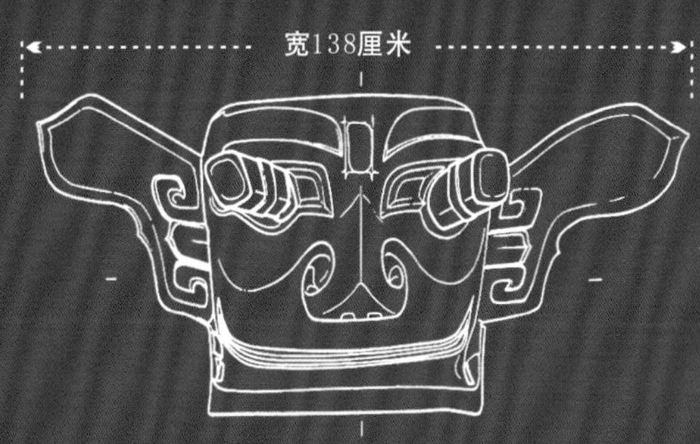

挫其锐，
解其纷，
和其光，
同其尘，
是谓玄同

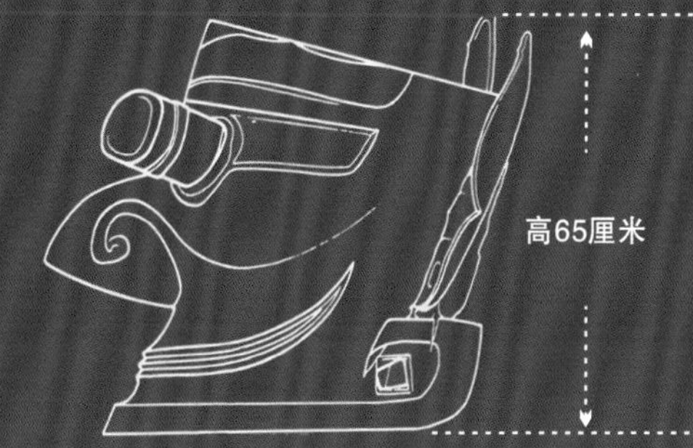

挫磨掉锐气、锋芒和棱角，
解除纷争，
融入光明的万象，
混同于大地尘土，
至大也是至微，
这就叫作玄妙的同化，
微妙大统一的法门

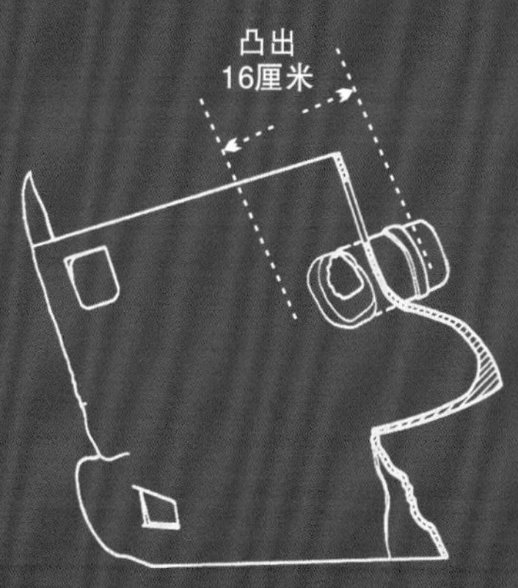

（图1-12）

以玉喻德

玉文化是中华传统文化的重要组成部分。早在七八千年前的新石器时代已经出现了玉的踪影。三星堆作为古蜀的重要都邑，其出土的大量的精美玉石器，足以与同一时期的中原殷商王朝的玉石器相媲美。接下来，本篇着重从传统文化的角度来解读中华民族独特的玉文化。那么什么是玉呢？古人的解释通俗易懂："石之美者为玉。"凡是漂亮的石头都是玉。甲骨文中的"玉"字是用绳子穿起来的三片玉的象形。后来的"玉"字发展到金文、小篆的字形，很像现在的"王"字。可见，"玉"字与"王"字有着很深的渊源。中华历史上，有一个很有学问的人叫董仲舒，他对"王"字的解释很独到："古之造文者，三画而连其中，谓之王；三画者，天地与人也，而连其中者，通其道也。"这里的"道"按照儒家对乾卦三阳爻的解读，天道为阴阳，地道为刚柔；人道在天地间，想要通天达地，必须效仿天地的德行，行"仁义"之道。那么为什么在上古时期，只有德行极高的君王才能拥有使用玉祭祀的权力呢？站在不同的时空维度看同一样东西会有不同的理解和感悟。"一字一太极"，从易学中的象数思维来看"玉"字，其字形构造隐藏着巨大的玄机。"玉"字由"王"字和右下角的一点构成。王代表至高无上的尊者，而一点代表尊者之心。尊者的心为什么会在右下角呢？从后天八卦可以看出，古代作图的方位是上南下北、左东右西，“玉”字的右下角实际上代表的方位是西北，而西北方在古代人眼中则是通天的门户（图1–13）。我们可以想象一下古代祭祀的场景：在庄严神圣的祭祀仪式中，君王站在高大的祭祀台上，面向西北方位，把玉捧在手心，其心面对西北与天沟通，这一刻，具有虔诚之心的君王仿佛能感动天地。

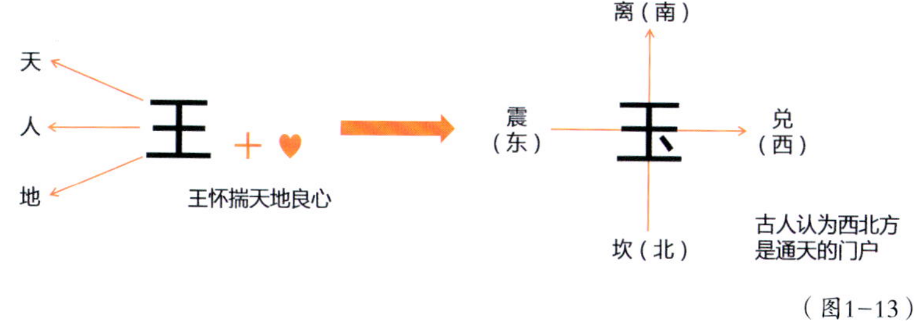

（图1–13）

古人怎样用玉来祭祀呢？来欣赏一下《楚辞》当中所描述的“以玉通神”吧！

东皇太一：

吉日兮辰良，穆将愉兮上皇；
抚长剑兮玉珥，璆锵鸣兮琳琅。
瑶席兮玉瑱，盍将把兮琼芳；
蕙肴蒸兮兰藉，奠桂酒兮椒浆。
扬枹兮拊鼓，疏缓节兮安歌；
陈竽瑟兮浩倡。
灵偃蹇兮姣服，芳菲菲兮满堂；
五音纷兮繁会，君欣欣兮乐康。

现代人从科学的角度对“玉”做出了不同的解读。例如玉的本质就是一种岩石，按种类可分为透闪石、角闪石、蛇纹石、阳起石等；如果按照坚硬程度划分，又可分为软玉和硬玉两大类；按产地来划分，又有和田玉、蓝田玉、岫玉、独山玉等。许慎撰文、段玉裁注的《说文解字》中，“玉”原为“王”。“帝王”的“王”与“玉”本为同形字，在封建帝制出现后，为了区别，古人便在“王”字旁加点作“玉”。从易经的角度讲，王由三横和一竖组成，三横是三条阳爻，从上往下排列起来就是易经中的乾卦（乾三连），同时三条横线也可以代表古人的宇宙观念——三才（天、地、人）。一竖贯通三才，就是一个“王”字。古人认为只有天下的君王才有通天达地、人神感应的能力。而要感应天地，必须要具备很高的德行才能领悟天机的奥妙与真谛，正所谓“嗜欲深者天机浅，嗜欲浅者天机深”。

玉在中国传统文化中，一直是洁白、美好、善良、高雅、华贵的象征。含玉的词多为褒义词，如赞美女人的词有玉女、玉人、玉容等；称赞住处的词有玉府、玉堂、玉房、玉楼等；与月亮相关的雅称有玉兔、玉宫、玉蟾等；对衣食的赞词有玉衣、玉帛、玉冠、玉食等；称人之人品高尚纯洁为“冰清玉洁”；称人之坚守美德为“宁为玉碎，不为瓦全”。原始社会时期的玉被人们更多地赋予一种神秘色彩，其主要用途是“沟通天地”“连接人神”，用于祭祀活动。玉的这种祭祀性质在夏、商时代体现得尤为明显，各地出土的大量夏、商时代的玉器便是例证。到了周朝，周公制礼作乐，这时期人们对玉的认识进一步改变，更多地是把玉的祭祀功能和人们日常生活的礼仪规范、行为道德相结合，也就是儒家所讲的君子以玉比德。而后世汉儒又把玉的品性特征与人的伦理道德相结合，归纳为玉有五德（图1–14）。

仁、义、智、勇、洁

玉五德 （图1–14）

什么是玉的“五德”呢？“仁”“义”“智”“勇”“洁”。《说文解字》把“玉”解释为：“润泽以温，仁之方也；䚡理自外，可以知中，义之方也；其声舒扬，博以远闻，智之方也；不挠而折，勇之方也；锐廉而不忮，洁之方也。”意思就是：玉温和、滋润，具有光泽，代表善施恩泽，富有仁爱之心，所以经常佩戴玉的人，就像无形之中有一位谦谦君子陪伴在身旁，体现“仁”的特征；玉有较高的透明度，从外部可以看到其内部的纹理，代表竭尽忠义之心；如果敲击玉石，会发出清亮、悠扬、悦耳的声音，并能传到较远的地方，代表具有智慧并可传达给四周的人；玉具有极高的韧性和硬度，代表具有超人的勇气；玉有断口但边缘却不锋利，代表自身廉洁、自我约束却并不伤害他人。

圣明的君王观玉而悟德，用之于“礼”，正如《周礼·春官》记载：“以玉作六器，以礼天地四方。以苍璧礼天，以黄琮礼地，以青圭礼东方，以赤璋礼南方，以白琥礼西方，以玄璜礼北方。”三星堆的这些通“灵”玉器不仅是古人心中“人神互通”的媒介，更反映出古人期望君王的德行像“玉”一样，礼天地四方。

祭山的敬畏之情

“圭”在《说文解字》中被解释为“剡上为圭”，指的是上部尖锐、下端平直的片状玉器。玉圭是上古重要的礼器，它由新石器时代的石斧演变而来，后来被广泛用作“朝觐礼见”标明等级身份的瑞玉及祭祀盟誓的象征物。关于玉圭，历史上还有一个著名的典故叫“桐叶封弟”。相传西周初年，武王逝世后，由他的儿子成王即位。当时成王年幼，有一天与他的弟弟叔虞戏耍，就把树叶剪成玉圭的形状，对叔虞说：“我用这个玉圭来封你。”当时的史官请成王择吉日封叔虞，成王却说他只是开个玩笑。史官说，天子无戏言，既然已经说了，就要载入史册。于是成王只好封自己的弟弟叔虞到唐地，也就是现在的山西省境内。山西简称晋，因此晋国的始祖称为唐叔虞。《周礼・春官》还记载有镇圭、谷圭、信圭、珍圭等。这些不同尺寸、不同名称的圭，代表了上至天子、下到侯位的不同等级，同时也是不同权力的依据。例如，遇自然灾害，天子派去抚恤百姓的大臣所持的信物为珍圭；持有者行使嘉奖的职能时所握的为琬圭；持有者行使和解或婚娶的职能时所握的为谷圭等。

璋是什么呢？“半圭为璋”，玉璋是玉圭从上端尖峰处垂直切下之一半。从器型来讲，玉璋和玉圭相似，呈扁平的长方体状，一端为斜刃（有的呈叉形），另一端有穿孔。玉璋出土地的分布范围很广。最早的玉璋见于山东龙山文化。北至陕西，西南至四川，南及香港，乃至越南等地都有玉璋出土。三星堆遗址出土的玉璋主要分为牙璋和边璋两大类。玉璋的器身在专业术语中称为“射”，下端柄部称为“邸”。牙璋的造型为射部呈叉形，邸部中间有穿孔，器身两侧各有一排对称的扉棱，形似一排整齐的牙齿，故命名为“牙璋”（图1–15）。而边璋整体呈平行四边形。三星堆出土的一件大边璋通长159厘米，厚度仅为1.8厘米，两端有残损，器身残缺处有精美对称的几何纹饰。这么大的玉边璋，国内还仅此一件，堪称“边璋之王”（图1–16）。不同的璋有不同的用法。第一类为赤璋。《周礼·春官》记载：“以赤璋礼南方。”有学者研究认为所谓的“赤璋”是用红色的玛瑙石做成的璋，是礼南方朱雀之神的礼

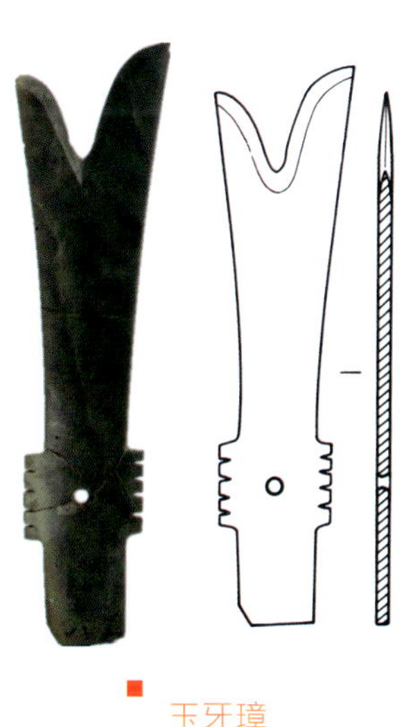

玉牙璋

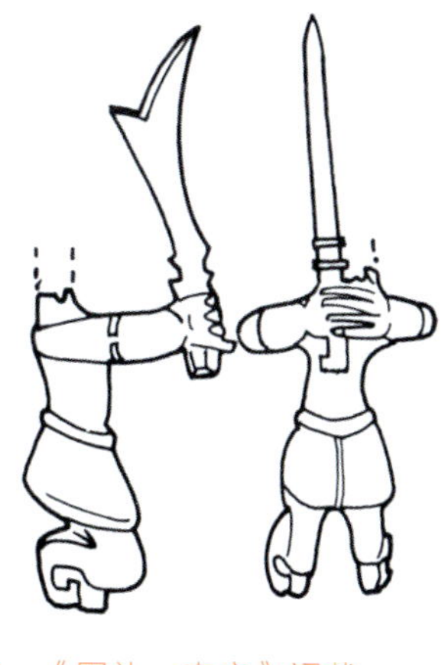

《周礼·春官》记载：“以赤璋礼南方。”玉牙璋一般用于祭山

（图1–15）

边璋之王

（图1-16）

器。第二类边璋是在天子巡守时使用的，主要用途为祭山。第三类牙璋是作为“符节器”使用的。

遗址二号坑出土的一件玉边璋上的图案，似乎印证了《周礼》所载“玉璋用于祭山”的说法（图1-17）。这件玉边璋通长54.5厘米，器身上的图案呈上下两部分相对布局。上部分的最上层为平行站立的三名祭司，头戴平顶冠，戴铃形耳饰，双手在胸前做抱拳状，脚穿翘头靴，两脚外撇站成一字形。祭司脚下是两座山，山顶内部有一圆圈，在圆圈的两侧分别刻有“云气纹”。在山形图案的底部又有一座小山，小山的下部是一方台。两山之间有一盘状物，上有飘动的线条状若火焰。山的外侧，一只大手仿佛从天而降，伸出拇指按在山腰上。在两山之下是两组S形勾连的云雷纹。云雷纹下的一幅图中又是三名祭司，穿着和手势与第一幅相同。所不同的是这三个人戴着山形高帽，呈跪拜的姿势。再往下看又是两座山，内部结构与之前的两山相同，不同的是右边的山头伸出一个钩状物横在两山之间，山外两侧各立有一牙璋用于祭祀（图1-18）。上下两组图案中的人像手握于胸前，此手势很可能与先天八卦有关（图1-19）。观看这些图案，古蜀人祭祀天地和大山的情景仿佛出现在我们眼前。

《周礼·考工记》记载：“大璋、中璋九寸，边璋七寸，天子以巡守。”根据古代经学家的注解，天子巡守途中用大璋祭祀大山川，中璋祭祀中山川，边璋为璋中最小者，用于天子祭祀小山川，而祭祀从行祼礼开始，故须用三璋舀香酒灌地降神。《周礼》中的大璋、中璋为九寸，三星堆遗址所出土的玉璋的尺寸大多属于经文

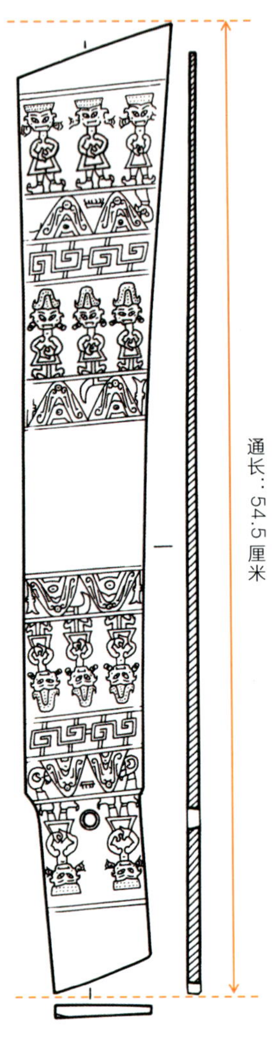

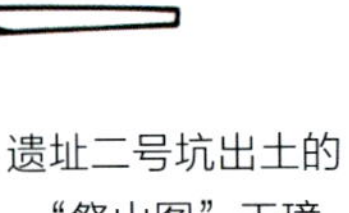

遗址二号坑出土的
“祭山图”玉璋

器身上的图案呈上下两部分相对布局，是古蜀祭司祭山场景，体现了古蜀人“天、地、人”的宇宙观

（图1–17）

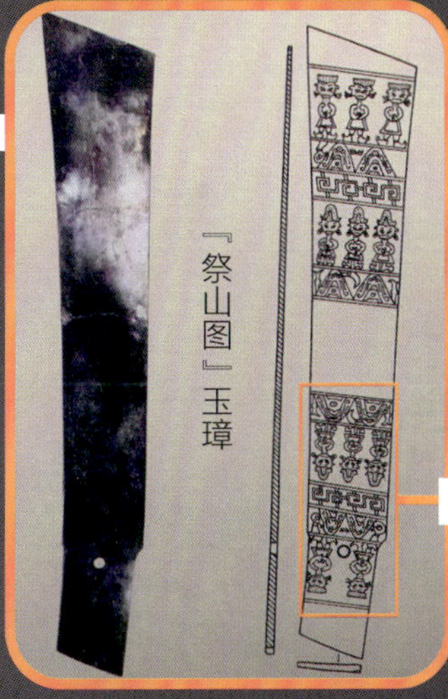

（图1-18）

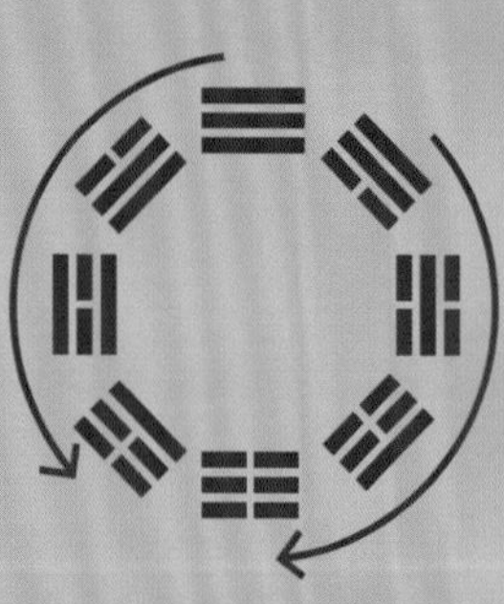

祭司的手势可能与先天八卦有关。运行图左箭头方向为逆时针，右箭头方向为顺时针

（图1–19）

所载的大璋、中璋的尺寸，甚至还有一米多长的“边璋之王”，由此可见这些璋主要用于祭祀大山川。环顾成都平原四周，大山最集中的地区位于川西北的茂县、汶川一带，古蜀传说中第一代蜀王来自茂汶地区，再结合两个祭祀坑均为西北朝向，这里的祭祀大山川可能也暗含了祭祖的思想。

去过四川阿坝藏族羌族自治州的朋友会发现，那里的大山一座连着一座，蜿蜒的道路通向大山深处，藏民、羌民的居所大多修建在山脚下。祖先们世世代代生活在大山之中，对大山有深厚的感情。八卦中艮为山，止也，也是告诉人们做任何事情都要量力而行，适可而止。祭祀大山体现了古蜀人对大自然的敬畏之情，一山还比一山高，人不能征服自然，而是要与自然和谐相处。

礼法天地

《吕氏春秋·季夏纪》记载：“大圣至理之世，天地之气，合而生风。日至则月钟其风，以生十二律。”这句话的大概意思是说，天地之气产生不同的风，而风和四季当中夏至、冬至等标志性的日子又有关，不同的时节，风声不同，从而产生了不同的律。《周礼·春官》记载：“大师掌六律、六同，以合阴阳之声。”春官是周朝的一种官职，相当于后世的礼部尚书，主要负责国家大小宗庙祭祀礼仪。这里的大师是春官下的一种官职，有大的征伐、军事活动，大师就要手持同律来辨别军将发出的呼声，根据呼声所合的音，向王报告并预测吉凶。此外，《国语·周语》中有“瞽告有协风至”之语。瞽，指的是古代盲人乐师，属于《周礼》当中讲的大师的下属，听风声、定律音、明气候是他们的主要职责。

根据现有的出土文献来看，商代甲骨卜辞里记载有四方风的名字。在神巫文化浓厚的殷商时代，商人认为东、南、西、北四方由四个神管辖，四神之下有四风之神，四风之神决定四季和气候，由此来主宰人世间的吉凶祸福。《山海经》里面也有类似于甲骨文中的关于四方神和四方风的记载，可以印证“听风定律”这种古老的传统在三皇五帝时期就已经出现了。轩辕黄帝时期的伶伦做六律和六吕的故事，很可能讲的是古人在长期与自然界的接触中，逐渐意识到四时来自不同方向的风，这些风的湿度、温度、强度表现出了极大的差异，主要体现为音高不同的风声，由此产生了用不同的音律来表示四时、四方之风的想法，并使之服务于农事。而农事活动一定离不开对“天”的观测，这里的“天”特指“太阳”。

以璧或环作为太阳的象征，在新石器时代已经出现。华夏民间谚语云：“日晕三更雨，月晕午时风。”这句话实质上反映了古代先民们在长期的生活实践中所总结出来的一套自然规律。与游牧民族不同的是，生活在原始农耕部族的人们对天象的观测极为重视，因为日月星云的变化，直接关系到农作物的收成和生活是否有保障。如果说三星堆遗址出土的玉石璧具有音乐功能性特征还存在一定的争议，那么遗址内月亮湾出土的石磬应当是目前已确认的古蜀国时期最早的乐器。三星堆遗址出土的这件黑色石磬，弓背两边等长，平面似等腰三角形，底边长46厘米，高21.1厘米，厚1.1厘米，与中原商王朝同一时期的石磬在形制上有明显的区别（图1–20）。《周礼·考工记》记载：“磬氏为磬，倨句一矩有半，其博为一，股为二，鼓为三，参分其股博，去一以为鼓博。参分其鼓博，以其一为之厚。”三星堆遗址这种弓背两边等长的磬，与《周礼》所载的磬的形制完全不同，应当是古蜀地方特色产物。古代有八音之说，即金、石、丝、竹、土、革、匏、木。磬居石类，是重要的击节乐器。《尚书·益稷》记载：“予击石拊石，百兽率舞。”这里的石，即石磬，说明石磬在当时是作为原始乐舞的一种击节乐器。后来，磬又常常和金类的乐器组合使用，演奏的乐曲构成了美妙的“金石之声”。

除了玉璧和石璧，遗址内还出土了玉琮，这种玉琮内圆外方，造型取意为天圆地方。目前已知最早的玉琮出土于长江中下游的良渚遗址。在良渚遗址出土的玉琮多见于规格等级较高的墓葬中。良

三星堆出土 石磬

（图1-20）

渚遗址出土的玉琮中，有些表面还有一些精美的纹饰图案，被学者称为“神人兽面纹”。据考古发掘情况，新石器时代是各地使用玉琮最繁盛的时期，商周以后，玉琮的数量大大减少，至汉代已很难见到玉琮的踪影。此外，与三星堆相关联的金沙遗址也发现了类似的玉琮，再结合仁胜村出土的属于三星堆遗址文化的玉锥形器，形制与良渚遗址发现的玉锥形器相似，由此推测，古蜀国在很早之前可能就与长江中下游地区有了文化交流（图1–21）。

三星堆遗址出土了大量用于祭天的“有领”的璧、环、瑗。《周礼·春官》记载：“以黄琮礼地。”琮是用来礼拜大地的重要礼器，中间相通，意为天地感应、人神相通。但有些学者提出不同的观点，认为玉琮不仅有礼仪、祭祀功能，还可能是古人用于观察天文星象的仪器的重要部件之一。清人吴大澂所著《古玉图考》中说，古时用玉琮和璇玑结合成可以旋转的窥管，作为观测星宿、判断吉凶的天文仪器。《尚书·舜典》记载：“在璇玑玉衡，以齐七政。”这是目前已知“璇玑”一词最早的出现。据古代文献资料，“璇玑”一词多与“北斗七星”有关。《春秋运斗枢》记载：“北斗七星第一天枢，第二璇，第三玑，第四权，第五玉衡，第六开阳，第七摇光。一至四为魁，五至七为杓，合为斗。居阴布阳，故称北斗。”也有一些学者认为古文中的“璇玑”很可能是一种璧形玉器，器物的外沿有多个等距、同向的凸旋齿牙。有的学者称这种器物为“牙璧”。因此，我们大胆地推测，上古尧舜时期，古人将璇玑与琮结合在一起组成了古天文仪器，用于观察北斗七星的运转，从而观象授时。可以说，这是中国古代原始天文学的滥觞。

三星堆玉琮

三星堆发现的玉锥形器

（图1-21）

后来，随着古代天文学的发展，人们掌握了一些使用更加精确的仪器观察天文星象变化的方法。上古时期一些部族曾使用的大火历、十月太阳历，后被更加精确反映农业和气象关系的二十四节气等取代。随着时间的推移，璇玑和玉琮的组合在人们的日常生产生活中已不像以往那样重要，于是逐渐退出了历史舞台。

贰

TIANWEN LIFA

天文历法

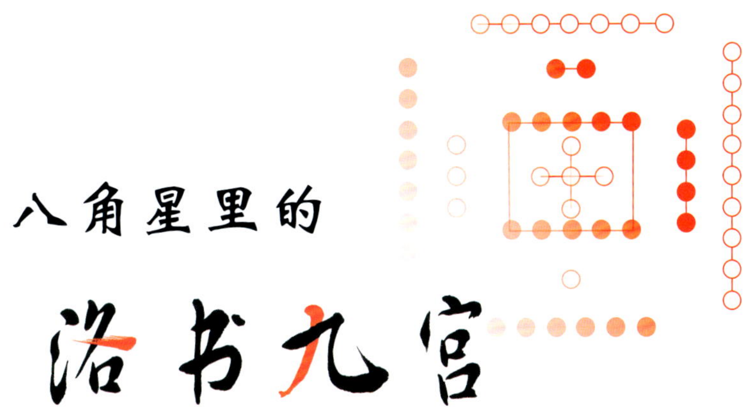

八角星里的洛书九宫

在我国，八角星纹集中发现于长江中下游与黄河下游的东部地区。安徽含山凌家滩遗址出土了许多新石器时代玉器，其中有两件玉器上刻有八角星纹。一件为片状玉版，玉片正中刻一大圆圈，圆圈中再刻一小圆圈，中心刻着八角星纹，此件器物被称为“玉八卦”。另一件为鹰形饰件，鹰胸位置刻有一个圆圈，圆圈内再刻一个八角星。三星堆的八角星纹饰出现在一件圆形铜器的表面。此器物上有八个人面形纹饰相连，人面的眼睛呈旋目纹，由内而外分别呈逆时针和顺时针旋转。旋目纹的中间有一明显的三角形标识。八个人面形纹饰所形成的空白处正好是一八角星纹。这种八角星纹是每两角平行指向一方，因而八角实际标示的只是东南西北四方。这种纹饰与山东大汶口遗址出土的彩陶上的八角星纹如出一辙。可见，从新石器时代开始，八角星纹已广泛出现在陶器、玉器及青铜器上（图2-1）。

三星堆遗址圆形铜器表面的八角星

（图2-1）

有人认为八角星纹反映了古人对太阳的崇拜，也有人认为这种纹饰和原始的纺轮有关。从《易经》的角度来看，这种八角星纹与后天八卦——洛书九宫图有着紧密的联系。首先，我们来了解一下什么是洛书。“洛书”一词与《尚书·洪范》中提到的“九畴”有着密切的关联。汉代儒生曾大加附会，说它是洛书的本文。关于洛书的来源，主要有两种说法：

其一，传说伏羲氏时有龙马从黄河出现，背负“河图”；有神龟从洛水出现，背负“洛书”。伏羲根据这种“图”“书”画成八卦，就是后来《易经》的源头（图2-2）。

其二，《辞海》在解释“河图洛书”一词时又说：“一说禹治洪水时，上帝赐给他以《洪范九畴》（《尚书·洪范》）。刘歆认为《洪范》即洛书。”

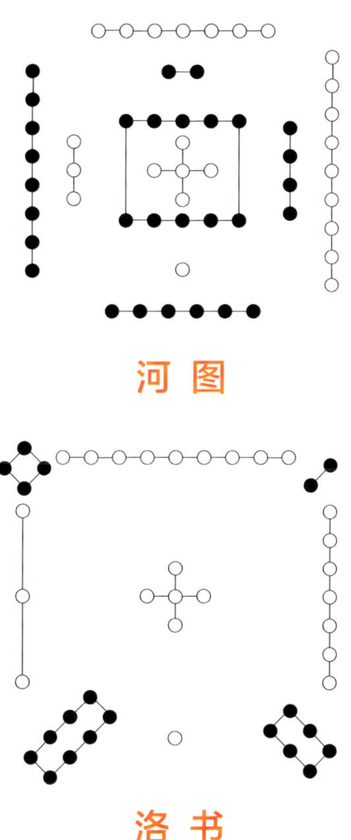

（图2-2）

通过以上关于洛书的传说，我们不难看出，洛书不是普通的书，而是和古圣先贤有关联的书。在第一种说法中，洛书和神龟有关（道教神话体系中的四大神兽之一——北方玄武为龟蛇合体）。洛书实际上不是现代意义上真实的书，因为它上面没有任何的文字。后世的易学家们认为洛书实际上是一幅数字九宫图，数字结构与龟形对应为：戴九履一，左三右七，二四为肩，六八为足，以五居中。五方白圈皆阳数，四隅黑点皆阴数。一至九数分别又对应中宫方位、八经卦宫、八个方位、八个节气，并与五行相配。

一为坎宫 正北 冬至 五行为水
二为坤宫 西南 立秋 五行为土
三为震宫 正东 春分 五行为木
四为巽宫 东南 立夏 五行为木
五为中宫 正中 季夏 五行为土
六为乾宫 西北 立冬 五行为金
七为兑宫 正西 秋分 五行为金
八为艮宫 东北 立春 五行为土
九为离宫 正南 夏至 五行为火

从洛书九宫图当中不难看出，节气当中的“二分”“二至”即对应四正方位（春分正东、秋分正西、夏至正南、冬至正北），而“二启”（立春、立夏）及“二闭”（立秋、立冬）对应四隅。

首先我们用“+”形来表示“四正”，用“×”（图2-3）形来表示四隅，然后把二者相合，得到的便是一个“米”字形，用线描绘出“+”与“×”重叠的部分，一个八角星纹便出现了。可以说，这种八角星纹实际上是一个高度抽象艺术化的九宫图，它是古人对宇宙自然充分认识后所创造的文化符号（图2-3）。

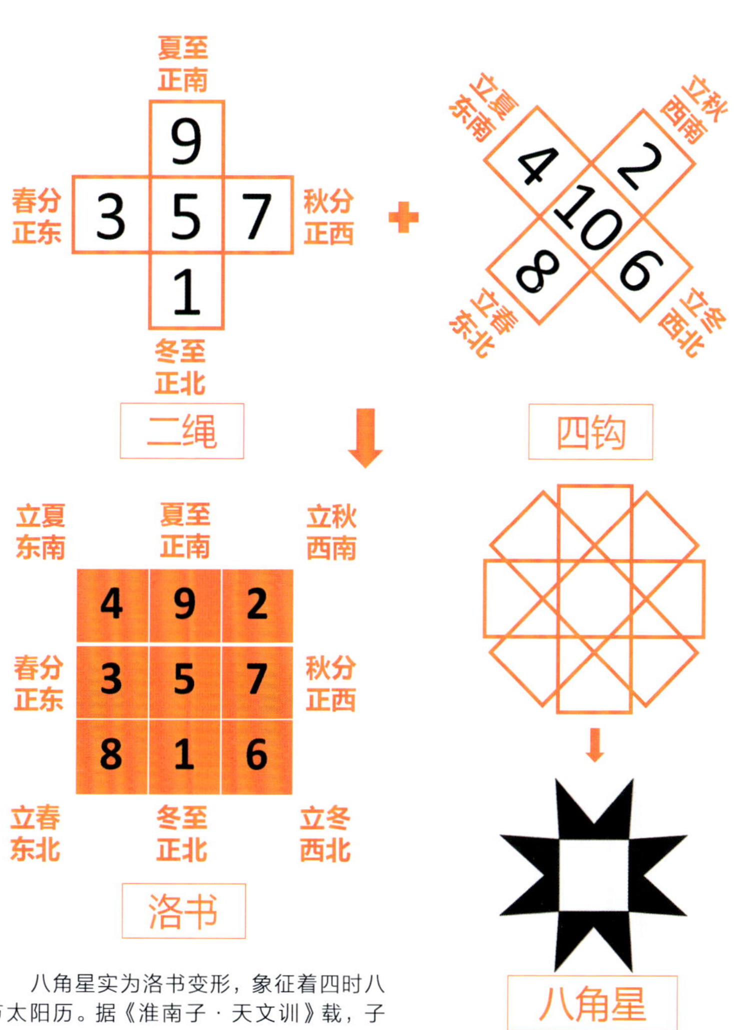

八角星实为洛书变形，象征着四时八节太阳历。据《淮南子·天文训》载，子午、卯酉为二绳（分别代表东南西北四正方位和春分、夏至、秋分、冬至四个节气），丑寅、辰巳、未申、戌亥为四钩（分别代表东南、东北、西南、西北四个方位和立春、立夏、立秋、立冬四个节气）。“二绳”和“四钩”交午，便得到表示方位和节气变化双重含义的八角星图案

后天八卦“洛书”推演图源自冯时先生所著《中国天文考古学》第八章“天数发微”

（图2-3）

洛书的九宫数字无论是横向、纵向或是斜向叠加之和都为数字十五。五天为一候，三候为一气，洛书的数理十五实际上代表节气中的“气”。三星堆铜圆盘表面人面纹的额头三角形一共有八个，三角形由三条线构成，三条线由下至上平行排列即八经卦象，八个三角形即八索（上古时期八卦的表现形式），三八二十四条线即对应一年的二十四节气。人面的旋目纹分为顺时针和逆时针，象征天地阴阳（逆为阳，顺为阴。阳化气，阴成形）。可以说，整个铜圆盘纹饰的意象表达集天文、地理、数学、美学为一体，是古蜀人智慧与精神的象征，也是古蜀文明高度发达的实证（图2-4）。

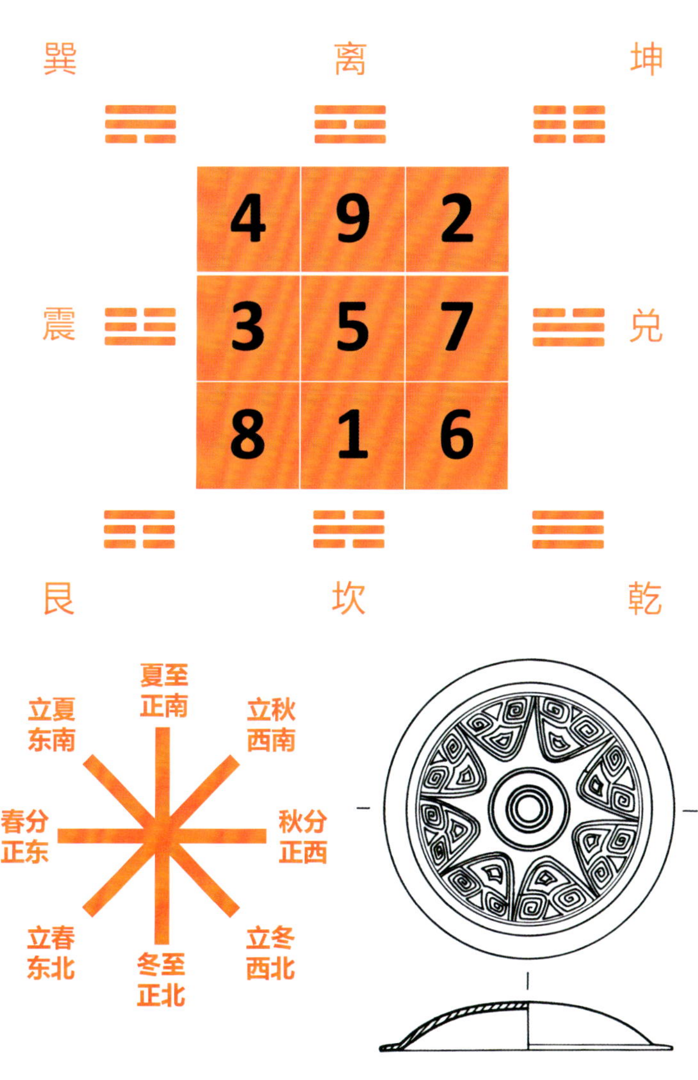

洛书九宫与三星堆青铜圆盘上的八角星纹 （图2-4）

青铜神树

宇宙生命树

人类早期文明中，有很多关于树崇拜的神话与传说，多与太阳有关（图2–5）。在《山海经》中也记录了有关神树的传说，天地间从东到西有三棵神树与太阳的周天运行有关：东方扶桑、中央建木、西方若木。《山海经·海外东经》记载：“汤谷上有扶桑，十日所浴，在黑齿北。居水中，有大木，九日居下枝，一日居上枝。”《山海经·海内经》记载：“建木，百仞无枝，上有九欘，下有九枸，其实如麻，其叶如芒，大皞爰过，黄帝所为。”《淮南子·地形训》记载：“建木在都广，众帝所自上下，日中无景，呼而无响，盖天地之中也。”《山海经·大荒北经》记载：“大荒之中，有衡石山、九阴山、洞野之山，上有赤树，青叶赤华，名曰若木。”中国古代神话中多以树上栖息的鸟暗喻太阳，鸟每天从东方扶桑树上起飞，代表太阳升起，象征人类社会日出而作；到了中午，烈阳高照，鸟飞到中央建木上歇息，代表太阳位于中南天，象征人类社会午间小憩；到了傍晚，鸟飞到西方若木，代表太阳西落，象征人类社会日落而息。三棵神树的方位反映出太阳东起西落的自然规律，神鸟日复一日地飞跃在三棵神树间，更折射出古人一种周而复始、生生不息的宇宙观（图2–6）。

古印度“宇宙树”

此树长于原始海洋中的原始蛋上，三枝展开，各托一个太阳，另有一个太阳位于三枝分杈处，与古代“扶桑十日”的神话传说颇为相似

亚述“圣树与有翼日盘”

古代鸟与太阳颇有关联。所谓“有翼日盘”，即鸟与太阳结合的典型图样，揭示出宇宙树与太阳的密切关系

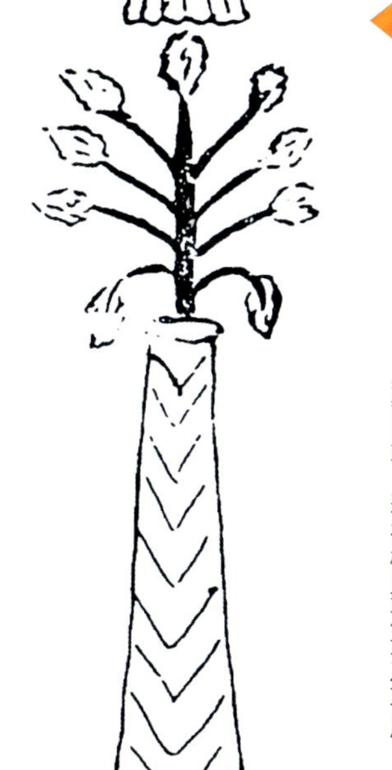

该印章图像特征是树顶上方悬有翼日盘，表征树具通天之功用

腓尼基圆筒形印章上的圣树与太阳纹饰

（图2–5）

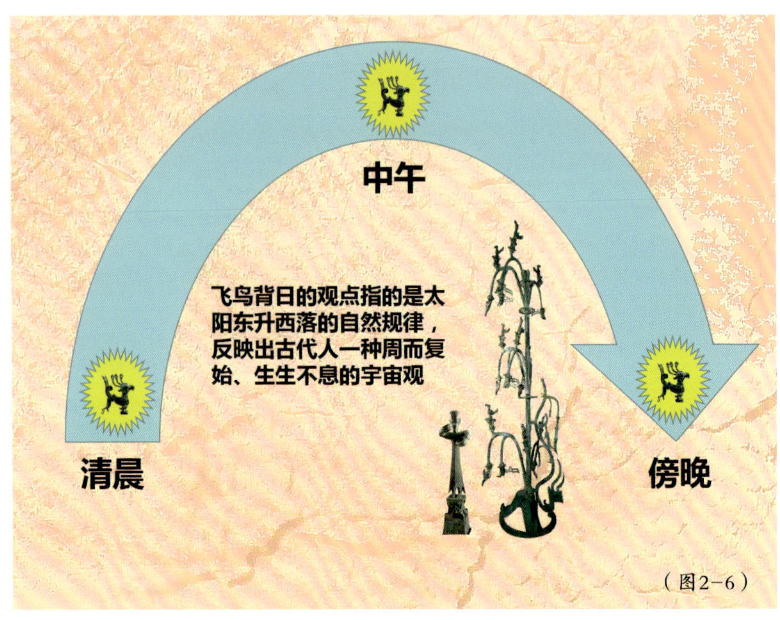

（图2-6）

三星堆青铜神树于1986年在2号祭祀坑被发掘，据考证，其已有三千多年历史，属于殷商时代的产物。由于神树出土的时候残缺不全，如今人们看到的是神树修复后的模样。青铜神树通高3.95米，重500千克，主要由树座、树干和一条神龙三部分组成。其中底座呈穹隆形，象征着神山。神树矗立在神山之巅，离天更近，意味着通天。神树树干接铸于山顶正中，整体呈现上、中、下三部分，每部分由三根树枝组成。每根树枝上有果实与神鸟，树杈和果托下分别铸有火轮。一条神龙援树而下，神龙马面绳身，刀状羽翼下垂。整颗神树铸造技术极其复杂，运用了套铸、铆铸、嵌铸、铸接等当时最为先进的手法，可谓青铜铸造工艺的集大成者。为什么古蜀人花如此多的精力铸造此神树，神树与当时的社会环境有什么联系，又展示了当时古蜀人怎样的思想呢？

三星堆神树造型不是随意为之，而是经过精心设计而成，是古蜀人内心深处对宇宙自然变化规律认知的具象化表达。从易学象数理的角度来看，中国古代把物象符号化、数量化，用以推测事物的关系与变化。《左传·僖公十五年》记载："龟，象也；筮，数也。物生而后有象，象而后有滋，滋而后有数。"原意是：龟生出来背上有花纹，之后生长，生长之后花纹裂开了，变成了好几块。引申的含义就是有物体才有形象，有形象并生长后才会分出数目。青铜神树树干向上呈生发之气，属阳；树枝整体下垂收敛，属阴。树枝上有果实与鸟，一果实上扬，果上站立一鸟，为奇数，奇为阳；两果实下垂，为偶数，偶为阴。神树树干与树枝、果实的奇偶数无不体现出古人"孤阴不生，独阳不长，万物负阴而抱阳"的宇宙观。古人认为阴阳的交替产生出一年四季，形成了人类所感知的春、夏、秋、冬。这棵神树枝丫下弯，硕果累累，预示着一年的丰收到来（图2-7）。

对于生活在上古时期的古蜀人来讲，他们对一年四季最直观的感受除了树木在四季的不同形态外，还有鸟在四季中不同的形态。《尚书·尧典》记载："乃命羲和，钦若昊天，历象日月星辰，敬授民时。分命羲仲，宅嵎夷，曰旸谷。寅宾出日，平秩东作。日中，星鸟，以殷仲春。厥民析，鸟兽孳尾。申命羲叔，宅南交，曰明都。平秩南讹，敬致。日永，星火，以正仲夏。厥民因，鸟兽希革。分命和仲，宅西，曰昧谷。寅饯纳日，平秩西成。宵中，星虚，以殷仲秋。厥民夷，鸟兽毛毨。申命和叔，宅朔方，曰幽都。平在朔易。日短，星昴，以正仲冬。厥民隩，鸟兽氄毛。帝曰：'咨，汝羲暨和。期三百有六旬有六日，以闰月定四时，成岁。允厘百工，庶绩咸熙。’”这段话形象地描述了上古时期，天象变化对应的鸟兽的变化。仲春，鸟兽刚刚开始生育繁殖；仲夏，鸟兽毛稀疏；仲秋，鸟兽毛盛；仲冬，鸟兽毛特别浓密。三星堆神树上的鸟羽翅向上，羽毛丰满，排除了春、夏两季，再结合树枝上的硕果累累，一幅秋天的景象跃于眼前（图2-8）。

许多文物中都蕴含了阴阳思想，体现出古人“孤阴不生，独阳不长，万物负阴而抱阳”的宇宙观

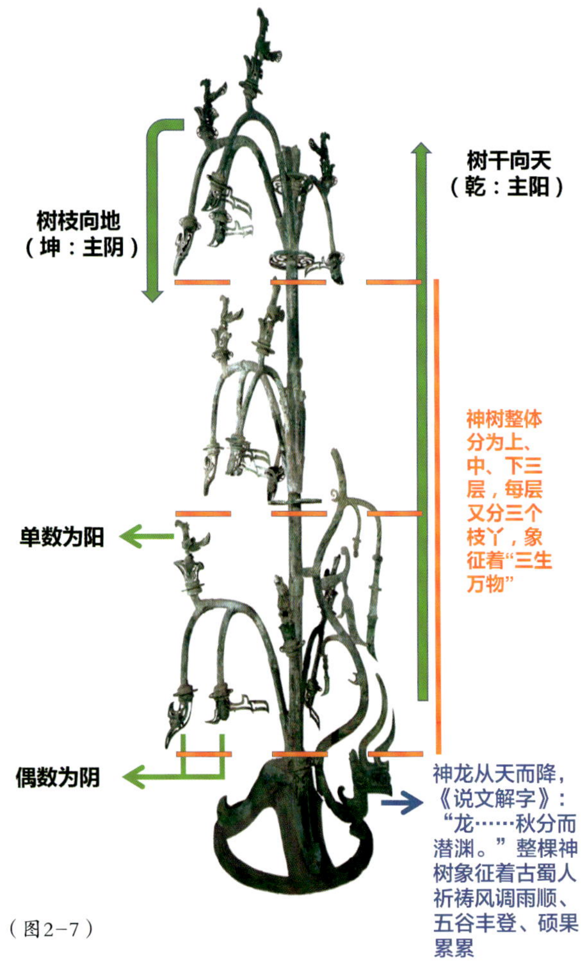

（图2-7）

修复后的青铜神树局部特写　（图2-8）

盘绕在青铜神树上的神龙

神树上的这条神龙，龙头在下，龙尾在上，好似从天而降。神龙龙身呈绳索状，刀状羽翼下垂，前爪趴在圆形的底座上。马脸造型的龙头，露出齿牙，大眼瞪圆，头上有两犄角。《广雅·释鱼》记载：“有鳞曰蛟龙，有翼曰应龙，有角曰虬龙，无角曰螭龙。”青铜神树上的这条龙，有角，有羽翼，与古人所描述的“虬龙”和“应龙”的形象相似（图2-9）。

绳索状的龙身很容易让人想到八卦最早的表现形式——八索。八卦最早的表现形式与上古时期的“结绳记事”有紧密的关联。结绳不是为了记录日常普通事物，而是在绳索上打结模拟天象运转变化，以卦的形式来具体体现，现在金川彝族仍在使用的“八索之占”便是重要例证。传说绳索最早是由弇兹氏发明，一股绳称为玄，两股绳称为兹，三股绳称为索。《易经》中的每一卦分为上、中、下三部分，通过阴爻和阳爻的不同组合来呈现，虽然卦与索呈现方式不同，但两者有相同之处，都具有记录、描述事物的功能。

“山不在高，有仙则名。水不在深，有龙则灵。”我们知道，中国的龙与西方的龙有着本质的区别：西方的龙是吐火的，代表灾难，生活在洞穴里；中国的龙多是兴云布雨的，象征着吉祥，生活在水里。龙是中华民族的象征，百姓对于龙的喜爱与敬畏不言而喻。就拿金庸先生写的武侠小说《天龙八部》来说，丐帮帮主乔峰的江湖武林绝学取名“降龙十八掌”，可谓威震四方。那些脍炙人口的绝招——潜龙勿用、见龙在田、飞龙在天、亢龙有悔，等等，

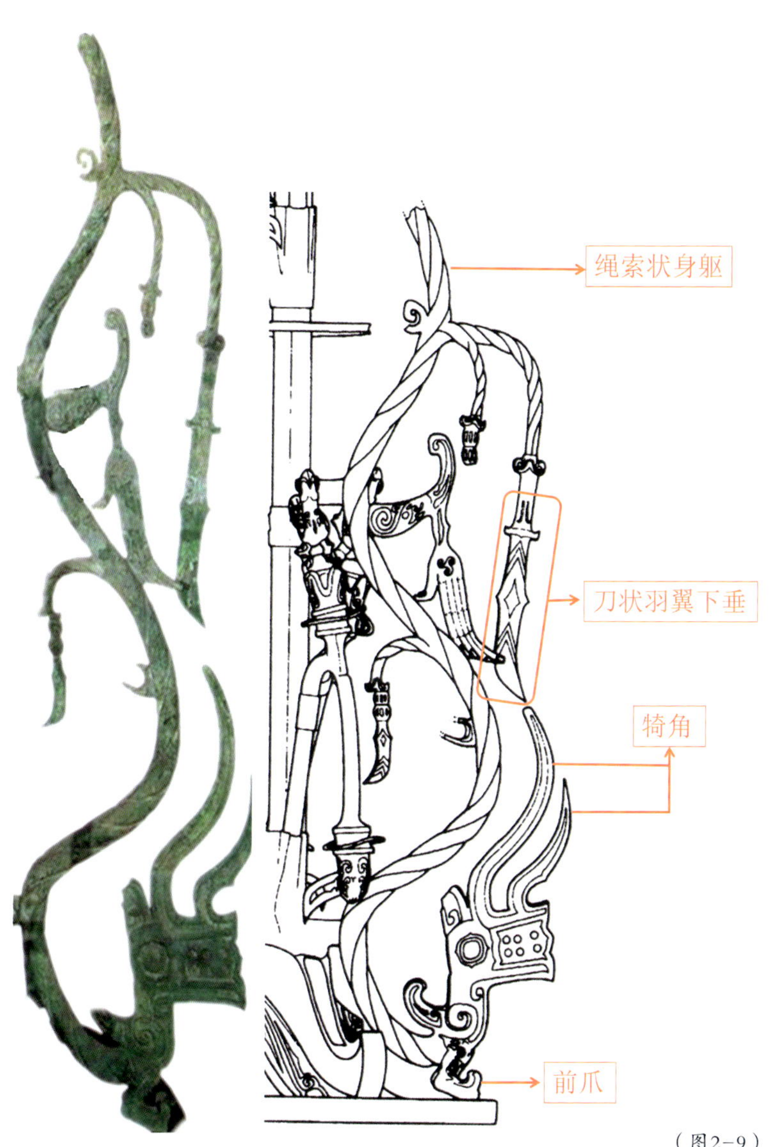

（图2-9）

让人大开眼界。人们不禁会问，金庸先生写这些招数名称的灵感出自何处？要想走入金庸先生的精神世界，知道他创作的灵感源泉，还得从中华龙文化的根源说起。

我国最早的文字甲骨文以及后来的金文中已出现“龙”字（图2–10）。被称为“群经之首”的《周易》第一卦便深刻解读了龙的含义。乾卦卦辞紧密围绕着龙展开。《彖》曰：“大哉乾元，万物资始，乃统天。云行雨施，品物流形。大明终始，六位时成，时乘六龙以御天。”“大明”指日，象征天道的运行。“六位”指六爻所表示的六个时位。乾卦六爻，初爻为始，上爻为终，六个时位对应六个特定的时空环境。全句揭示了天道遵循由始到终的发展程序，表现出六种不同的方式，初爻为潜，二爻为见，三爻为惕，四爻为跃，五爻为飞，上爻为亢，六龙运行周而复始、永不停殆。

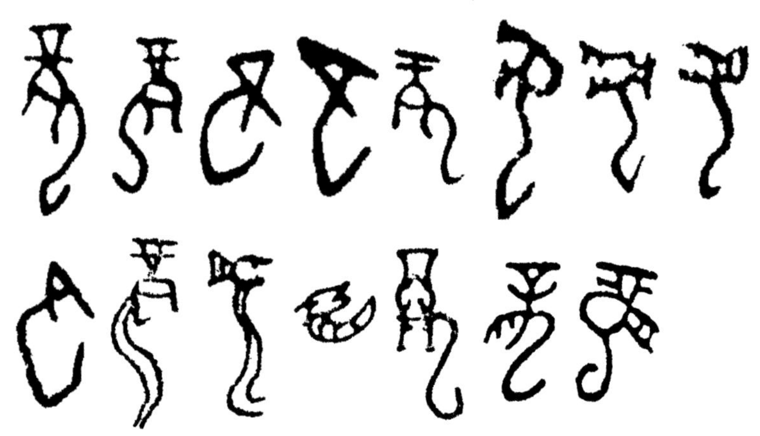

甲骨文、金文中的“龙”（图2–10）

《说文解字》记载：“龙，鳞虫之长，能幽能明，能细能巨，能短能长，春分而登天，秋分而潜渊。”按照此解读，龙是在春分的时候开始登天，秋分的时候开始潜渊。其实，这里所讲的龙的运行规律暗示的是天道运行法则。天道运行法则通过历法的形式表现出来，上古时期的这一套天文历法一直没有离开我们的视线，被忠实地记录在了《周易》乾卦的爻辞当中。乾卦的爻辞从初九至上九全部用龙来隐喻事物发展的周期性规律，那这条神龙隐喻了怎样的内容呢？

唐朝的李鼎祚所著《周易集解》解释乾卦六爻辞时引用隋人何妥注解，清晰地说明了乾卦当中与龙相关的爻辞所指一年中的不同月份。《周易集解》载：“侯果曰：大明，日也。六位，天地四时也。六爻效彼而作也。大明以昼夜为终始，六位以相揭为时成。言乾乘六气而陶冶变化，运四时而统御天地，故曰‘时乘六龙以御天’也。故《乾凿度》曰：‘日月终始万物’，是其义也。”对于“潜龙勿用，阳气潜藏”，何妥有注：“此第三章，以天道明之。当十一月，阳气虽动，犹在地中，故曰‘潜龙’也。”对于“见龙在田，天下文明”，《周易集解》载：“阳气上达于地，故曰‘见龙在田’。百草萌牙孚甲，故曰‘文明’。孔颖达曰：先儒以为九二当太蔟之月，阳气见地，则九三为建辰之月，九四为建午之月，九五为建申之月，上九为建戌之月，群阴既盛，上九不得言‘与时偕极’。先儒此说，于理稍乖。此乾之阳气渐生，似圣人渐进，宜据十一月之后，建巳之月已来。此九二爻，当建丑建寅之间，于时地之萌芽，物有生者，即是阳气发见之义也。但阴阳二气，共成岁功。故阴兴之时，仍有阳在；阳生之月，尚有阴气。所以六律六吕，阴阳相关，取象论义，与此不殊也。”对于“终日乾乾，与时偕行”，何妥有注：“此当三月，阳气浸长，万物将盛，与天之运，俱行不息也。”对于“或跃在渊，乾道乃革”，何妥有注：“此当五月，微阴初起，阳将改变，故云‘乃革’也。”对于“飞龙在天，乃位乎天德”，何妥有注：“此当七月，万物盛长，天功大成，故云‘天德’也。”对于“亢龙有悔，与时偕极”，何妥有注：“此当九月，阳气大衰，向将极尽，故云‘偕极’也。”

我们来梳理一下古代易学家们对六龙御天的描述，《周易》的乾卦由两八经卦组成，共六爻，每爻辞分管一年当中的两个月，六爻辞为十二个月（图2–11）。初九爻辞所对应的是夏历十一月、十二月，九二爻辞所对应的是夏历正月、二月，九三爻辞所对应的是夏历三月、四月，九四爻辞所对应的是夏历五月、六月，九五爻辞所对应的是夏历七月、八月，上九爻辞所对应的是夏历九月、十月。看龙的态势，头部朝下，尾部朝上，整体上呈现一种下降的态势，龙的头部快要接近山的底部（山底部寓意地平线），也就是汉儒所写“秋分时潜渊”。这样的意象表达显然用上九爻辞——“亢龙有悔”所对应的一年当中的两月更合适，即夏历的九月、十月。

可以说，神树是上古历法“六龙季”太阳历具象化的表达，是古蜀人自然宇宙观念的映射，是当之无愧的古蜀人精神和智慧的象征。

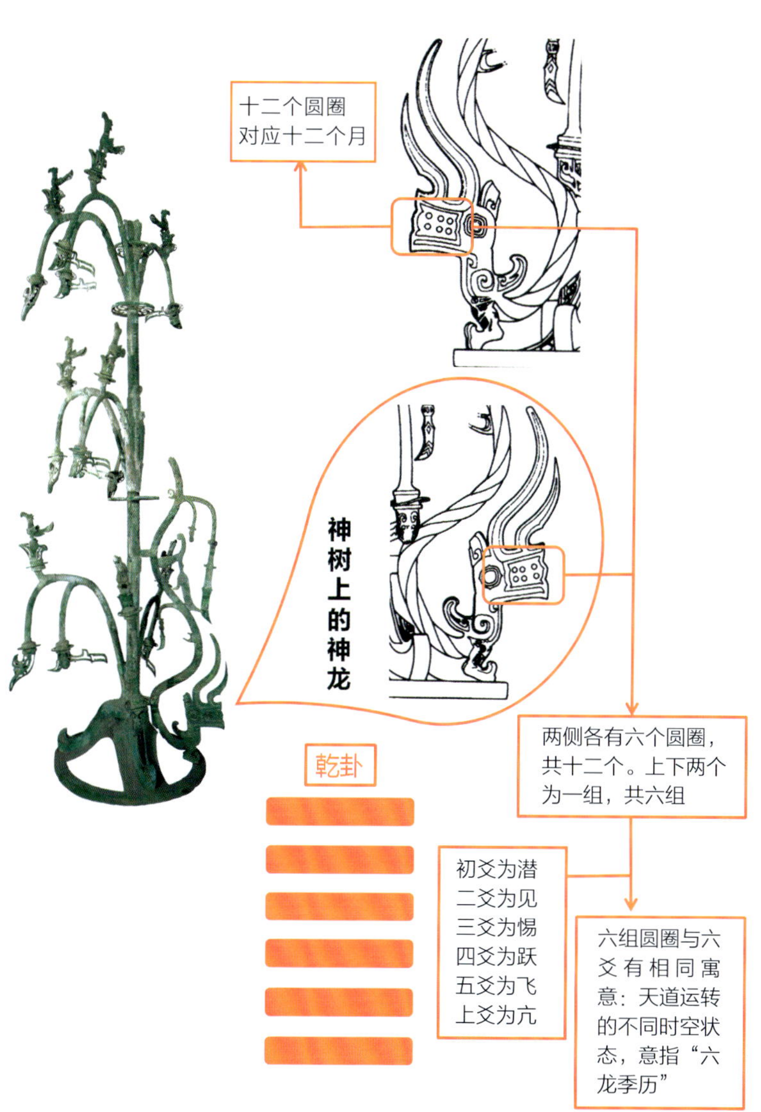
十二个圆圈
对应十二个月
神树上的神龙
两侧各有六个圆圈，共十二个。上下两个为一组，共六组
乾卦
初爻为潜
二爻为见
三爻为惕
四爻为跃
五爻为飞
上爻为亢
六组圆圈与六爻有相同寓意：天道运转的不同时空状态，意指“六龙季历”

（图2-11）

本篇着重说明乾卦各爻位“六龙”的周天运行状态与月份对应的关系（月份用十二地支表示，按照夏历正月建寅排列）：

爻位	十二地支	月份	六龙季历
上九	戌、亥	夏历九月、十月	六季
九五	申、酉	夏历七月、八月	五季
九四	午、未	夏历五月、六月	四季
九三	辰、巳	夏历三月、四月	三季
九二	寅、卯	夏历正月、二月	二季
初九	子、丑	夏历十一月、十二月	初季

龙纹饰上的天干地支

在上古时期的神话中，有很多关于龙的传说。《山海经·海外南经》记载："南方祝融，兽身人面，乘两龙。"《山海经·海外西经》记载："西方蓐收，左耳有蛇，乘两龙。"《山海经·海外东经》记载："东方句芒，鸟身人面，乘两龙。"《山海经·海内北经》记载："从极之渊……冰夷人面，乘两龙。"《山海经·大荒西经》记载："西南海之外，赤水之南，流沙之西，有人珥两青蛇，乘两龙，名曰夏后开。"从《山海经》中的描述不难看出，龙是古代圣贤往返天地的交通工具。上古之神驾驭着巨龙在浩瀚的天空自由驰骋，而神话中的"羲和驭日""爰息六螭"更形象地说明了龙与太阳的周天运行有着紧密的关联。神话中的羲和为十个太阳的母亲，"十个太阳"即十天干。另一则神话中的主角常羲（仪）有十二个孩子，"十二个孩子"即"十二地支"。

《吕氏春秋·尊师》记载："黄帝师大挠。"高诱注："大挠作甲子。"相传黄帝斋戒沐浴，筑坛祀天，其老师大挠氏观天地之变化乃作十天干、十二地支。干支纪年法的由来已久，黄帝开国时间点定为甲子年、甲子月、甲子日、甲子时，根据近代破解的甲骨卜辞可以看到古人用天干地支来计时。甲骨卜辞由四个部分组成。①叙辞（述辞、前辞）：记叙占卜的时间、地点和占卜者。②命辞（问辞）：命龟之辞，向龟陈述要占问的事情。③占辞：记录兆纹情况及所得出的吉凶判断。④验辞：占卜后的结果或应验情况。

以《甲骨文合集》中收录的殷商日食记录的卜辞为例：

癸酉贞：日夕（有）食，（告于）上甲？
乙丑贞：日有戠，共告于上甲？

两条卜辞中出现的干支“癸酉、乙丑”指代的是日期，当然干支还可以用来记录年、月、时。

我国古代的历法体系常常用“干支”来纪时，十天干与十二地支两两组合，形成了独特的六十甲子的周期排序。那三星堆出土文物有关龙的造型和天干地支有着怎样的联系呢？

三星堆出土的“通天神树”和“青铜大立人”上都出现了龙的身影。通天神树上的龙向下，仿佛从天而降，准备潜渊，而青铜大立人服饰上的龙头向上做展翅飞翔状。如果细看青铜神树上向下的“亢龙”，其头部靠近嘴巴的部位两侧均有圆圈，每两个圆圈上下整齐排列，一侧六个，两侧总共十二个。按上下两个圆圈为一组，十二个圆圈被分为六组。再看青铜大立人服饰上的“飞龙”，此龙蜷曲的身体部分出现了十个圆圈，有趣的是，十个圆圈也是以两个为一组排列的，十个圆圈被分为五组（图2–12）。

从“干支”纪时的角度来看，两条龙呈现的不同形态象征着不同的时空环境。青铜神树上的十二个圆圈，所代表的是十二地支，也就是一年的十二个月。两个圆圈为一组，上下排列，六组正好对应乾卦六爻所代表的时空环境，其背后反映的是古老的“六龙季”太阳历。而大立人服饰上的十个圆圈，所代表的是十天干。每两个圆圈为一组排列，五组折射出古老的阴阳五行的思想，其背后反映的是古老的“十月太阳历”。这样的排列组合既是《淮南子》中的

十天干
甲乙
丙丁
戊己
庚辛
壬癸
木
水
火
金
土
十个圆圈
两个一组，共五组
五组圆圈暗喻五行，十个圆圈对应十天干，意指“十月太阳历”

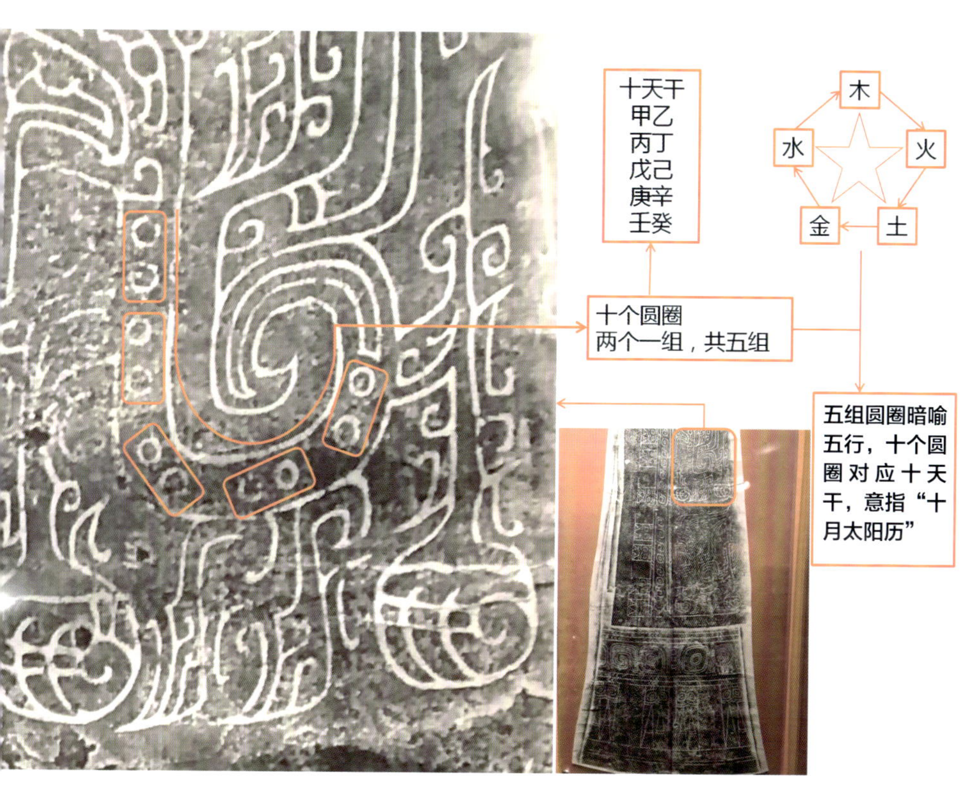

（图2–12）

“甲刚、乙柔、丙刚、丁柔……”，又是彝族十月太阳历中的“木公、木母、火公、火母……”。至此，乾卦六龙的爻辞所隐喻的与太阳有关的“天干”“地支”的宇宙时空观念，在古蜀祭祀重器中得到完美的呈现！

二号小神树

二号小神树与大神树相比，除了体量较小，还有两处明显不同，一是不见神龙的身影，二是穹隆形的底座上出现了三个跪坐人像（图2-13）。小神树的树干分为三层，每层三根树枝，每根树枝上站立一鸟，鸟的羽翼上有卷云纹饰。鸟做展翅飞翔状。与大神树上的立鸟相比较，小神树上的立鸟翅膀是向下垂直的，且每只鸟的个头显得更加瘦小。同时树枝上套铸着铜璧，似乎寓意着神树具有“通天”的功能。每根树枝靠近树干的衔接处有明显的铜环钮，可能是用于悬挂青铜风铃。小神树的底座呈穹隆形，上面有明显的云气纹交集成山。穹隆把圆环状的底座划分为三面，每面前有一跪坐的人像，人像高19厘米，头方面阔，尖耳短颈，头上戴帽，两侧有双角前勾。人像身穿对襟长衣，下着短裙，双腿跪地，出土时双手已残断，似做祭拜状。

大神树树枝下垂，且神龙从天而降，呈现一种整体向下的态势，而小神树呈现一种整体向上的态势。从阴阳角度来看，阳气为清者，向上生，阴气为浊者，往下沉。大致可以判断小神树造型的意象表达为向上，属阳。一年四季分为：春（少阳）、夏（老阳）、秋（少阴）、冬（老阴）。据此初步判断：这颗小神树象征着春季或夏季这段时间。接下来，我们看一下树枝上的立鸟。此立鸟个头明显比大神树的鸟小一圈，更为关键的是翅膀下垂，这样的艺术表达手法体现的主题思想是“鸟垂翼而弗翔”。《尚书·尧

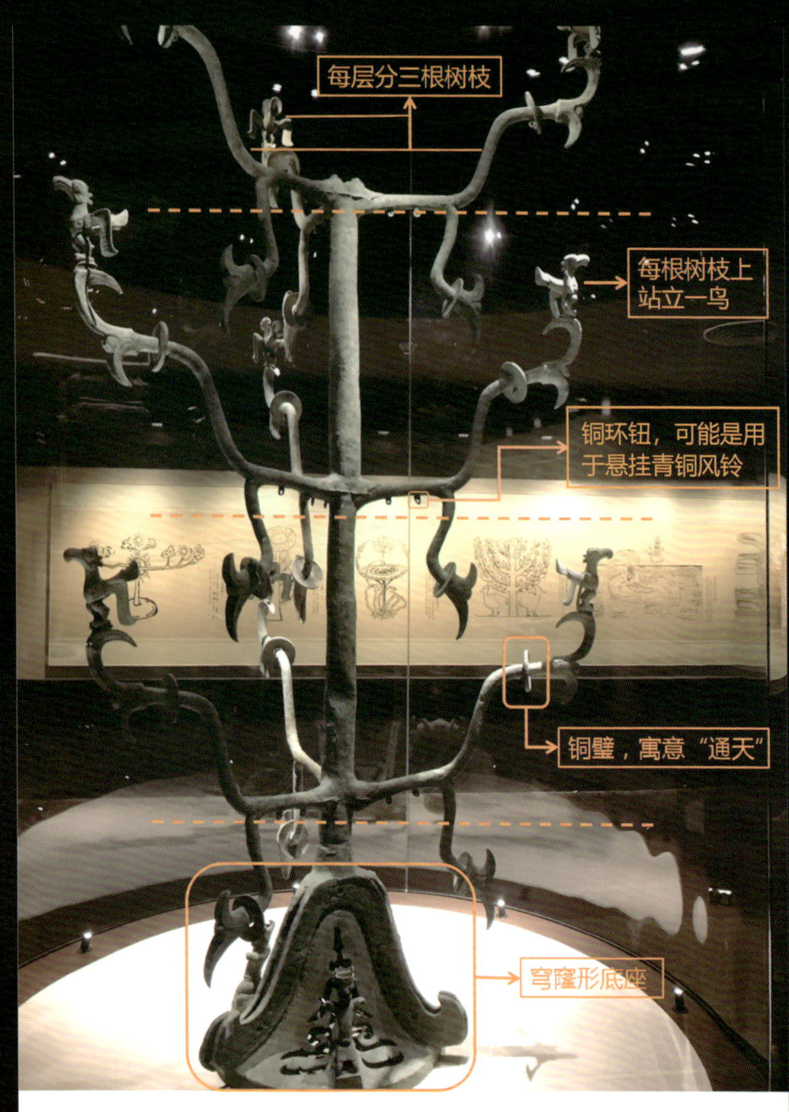

修复后的二号青铜神树

（图2-13）

典》记载，仲春，鸟兽孳尾（鸟兽开始繁殖）；仲夏，鸟兽希革（鸟兽羽毛稀疏）。从这一点来看，小神树上的立鸟意为折翅（羽毛不够丰满而飞不高），应该是仲春至仲夏时间段鸟的体现。大神树上的果实使得整个树枝弯曲近乎与地面垂直，这是果实成熟的表现，意味着秋收的时间。小神树没有大神树上的火焰托盘，树枝分出一上一下两端，其态势基本与地面平行。开春后的前两个月草木生长的态势称为“艸”，意为向上，而后经过春夏交替，树木的枝叶态势从“艸”的状态慢慢向与地面平行的方位倾斜，这又进一步说明这颗神树的生长期处于仲春和夏至之间（图2-14）。

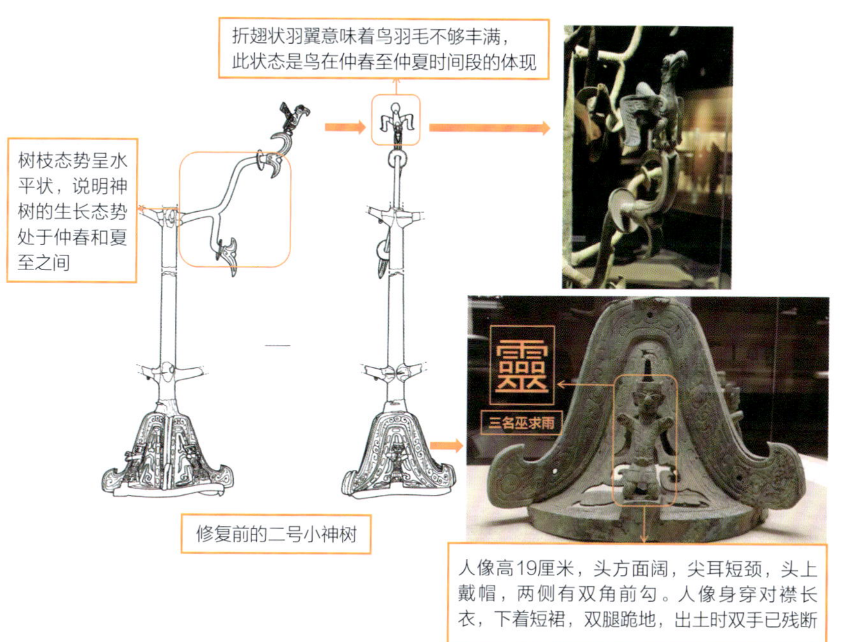

（图2-14）

我们为什么说小神树上的铜环钮是用于悬挂风铃的呢？这就需要我们结合小神树底座上出现的三个跪坐人像来说了（图2–15）。底座上的三名祭司很容易让人联想到《吕氏春秋》中的描述："三人操牛尾，投足以歌八阕：一曰载民，二曰玄鸟，三曰遂草木，四曰奋五谷，五曰敬天常，六曰达帝功，七曰依地德，八曰总万物之极。""投足"是一种舞姿，手里拿着牛尾，象征着耕作。第一阕似乎是歌咏祖先的由来。第二阕的"玄鸟"是一个传说。接着歌咏草木、五谷的生长以及对天地万物的敬仰。这首古乐总体反映了劳动人民的生产劳动和原始宗教信仰，且其生产劳动和原始宗教信仰总是伴随着歌舞和音乐。从繁体字的"靈"可以窥见古代人怎么祭祀。"靈"字从下往上看，最下面是"巫"，有几个巫呢？答案是三个，三人为众。中间三个"口"字代表下面的巫围在一起，正在念咒语，从"靈"字最上面的"雨"字可以看出：三名巫对天祷告，祈求天降甘霖，恩泽万物……原始的祭祀活动离不开原始的音乐和舞蹈，巫通过肢体动作，伴随着原始的音乐，进行和农业有关的祭祀活动。由此可见，树枝上的铜环钮很有可能被用于悬挂风铃。一阵风吹过后，树上的风铃叮当作响，寓意着马上就要下雨了。

二号青铜神树底座的青铜跪坐人像

（图2–15）

这一盛大的求雨活动在《左传》当中被史官记录了下来：“龙见而雩。”举行求雨的祭祀称为雩。《论语·先进》记载：“暮春者，春服既成，冠者五六人，童子六七人，浴乎沂，风乎舞雩，咏而归。”真相终于大白：小神树没有盘龙，是因为龙在天上飞，正在兴云布雨。而初夏时节，正好农田的庄稼需要充足的雨水滋养，才能保证秋季的丰收，所以在这个关键的时间点，懂天文的祭司们必须进行庄重而神圣的求雨祭礼。可以说，古人创作神树的根本目的反映了当时的宇宙时空观念——“大火授时，六龙季历”。大神树所代表的是“亢龙有悔”（夏历九月、十月），小神树所象征的月份是夏历三月、四月。

据考古发掘报告，二号祭祀坑共出土了六棵神树，那么其余没有修复的神树和这两棵修复的神树应属同一体系，其他四棵神树很有可能与乾卦当中其他四爻的爻辞相对应。我们从其中一棵未修复的神树残件上看到了这样的造型：一棵神树的树枝近乎垂直向上生长，其花朵呈现含苞待放状，上面站立一人首鸟身像，威武庄严，卷云状羽翼完全向两边展开，鸟身胸脯正面有一圆形似太阳的符号，鸟爪踩在含苞待放的花蕾上（图2-16）。结合上面两棵神树的文化内涵，可判断此神树残件所表达的意象为一年开春之际，万物生机勃勃地向上生长。古蜀人心目中的太阳神鸟作为上天的使者，降落到神树上，带来和谐祥瑞，同时寓意着新的一年里春耕播种即将到来，此时正逢“二月二，龙抬头”，也就是乾卦九二爻辞谓之“见龙在田”（农历一月、二月）。

其他神树上的残件

放大二十倍
仿制品

残件很小，从其造型上
来看，寓意初春万物萌
发生机，花朵含苞待
放。花瓣上的纹饰寓意
山间初升的太阳

（图2-16）

“纵目”蚕丛的太阳崇拜

蚕丛是第一代蜀王，他“衣青衣，劝农桑，创石棺”，在古蜀人心目中有崇高的地位。《路史·前纪》记载：“蜀山氏，其始祖蚕丛，目纵，王瞿上。”查考历史文献，最早当是宋朝罗泌《路史·国名纪》的记载：“瞿：‘今双流县南十八里有瞿上城，益之西南二十里。县北有瞿上乡。’”第一次明确了“瞿上”是一个城。古史记载的“瞿上”在何处？四川文史馆新津文史研究员李澄波先生对此曾认真做了考证工作。四川大学古籍研究所教授刘琳在为《华阳国志》校注时，进一步考证，认为按其方位，瞿上在今四川双流南九千米的牧马山上，属瞿上乡境内，并确认李澄波老先生实地考察后的手稿记载：“瞿上城在今新津县与双流交界之牧马山蚕丛祠九倒拐一带。”

20世纪40年代初，著名史学家顾颉刚专程到双流，对瞿上城古遗址进行实地考察。他说：“《华阳国志》说杜宇‘或治瞿上’，是因为古人建国必凭险阻，方好自守。牧马山是成都平原西部第一座山，仿佛城垣一般，防守极便，立国在这里，可以控制平原。山上又好耕种，足以自给。假使我是当时的王者，走到这个形胜所在，也不肯把它放弃的。我敢臆断，牧马山定是一个好地方，蚕丛和杜宇的都城遗址有寻得的可能。”古蜀人选择在“瞿上”建都，因为这里视野极其开阔，无论是登高望远以防备敌患，还是观测太阳以确定农时，这里都是再合适不过的选择。

在古人的记载中，太阳的出现往往伴有龙的身影。《初学记》卷一引《淮南子·天文训》：“爰止羲和，爰息六螭，是谓县车。”原注：“日乘车，驾以六龙，羲和御之。”这则神话里说到太阳的母亲“羲和”驾着六龙车在天空驰骋。除了神话故事中将龙与太阳联系到一起，在考古发掘的文物中也有类似的情景。比如马王堆汉墓出土的帛画，此帛画上的太阳一大八小，最大的太阳内有一只金乌，龙托着“十日”做周天运行。由此不难看出，古人认为太阳运动的驱动力是神龙（图2-17）。

长沙马王堆汉墓出土帛画

一般认为此树为『扶桑』图像，枝叶柔蔓，巨龙绕树，树间有一大八小共九个太阳，最大的太阳内栖金乌，是『十日』神话形象化的写照。

（图2-17）

学者们认为：三星堆的青铜纵目面具代表的是第一位蜀王蚕丛的形象。太阳、龙与蚕丛又有什么联系呢？对于古蜀祖先蚕丛“目纵”的特征，学界多引用《山海经》当中的“烛龙”神做比较研究。《山海经·大荒北经》记载：“西北海之外，赤水之北，有章尾山。有神，人面蛇身而赤，身长千里，直目正乘，其瞑乃晦，其视乃明，不食不寝不息，风雨是谒。是烛九阴，是谓烛龙。”“其瞑乃晦，其视乃明，不食不寝不息，风雨是谒”表明烛龙从来不休息，控制着白天黑夜、春夏秋冬，还能够呼风唤雨。

《易纬·乾坤凿度》记载：“烛龙行东时肃清。”清人俞正燮在《癸巳存稿·烛龙》中引古书烛龙之文，认为“烛龙即日之名”。除了以上对烛龙的描述外，《楚辞·天问》中也有相关记载：“日安不到，烛龙何照？”王逸注：“言天之西北有幽冥无日之国，有龙衔烛而照之也。”烛龙衔着烛光照耀西北“幽冥无日之国”。为什么幽冥之国偏偏在西北方位呢？《淮南子·天文训》记载：“昔者共工与颛顼争为帝，怒而触不周之山，天柱折，地维绝。天倾西北，故日月星辰移焉；地不满东南，故水潦尘埃归焉。”《易纬·乾坤凿度》记载，乾为天门。从后天八卦的方位看，乾为西北方。学者陈久金先生考证了《山海经·大荒西经》中的“六座日入之山”分别于西南方、西方、西北方两两排列，得出结论为：华夏老祖先所在的北半球，太阳从东南方升起、西南方落下代表冬至时节，从正东升起、正西落下为春分、秋分时节，太阳从东北方升起、西北方落下代表夏至时节，进而推断出了此为古代大山纪历，并认为其反映出了“十月太阳历”。烛龙位于西北海之外的章尾山，而西北方又是太阳周天运行后返回的“天门”。庞朴先生比较了“天”和“无”。所谓的“天”把一捺往上曲角即为“无”。天门一关，即“天”变成“无”，现在的广东话讲“无”为“没”。对于古人来讲，太阳从视野上消失，就是“无”（没有了）。综上所述，“直目正乘”的烛龙代表太阳。

对于烛龙神话的真相，有些学者也表达了不同的观点。有的认为“烛龙”的原型很可能与地球高纬度地区出现的极光现象有关；也有观点认为“烛龙”是火神祝融的化身；还有观点认为“烛龙”的传说与原始的龙星纪时有关，特别是刘宗迪先生在《烛龙考》一文中做了精彩的论述，让人大开眼界。

关于烛龙的“直目”形象，郭璞注“直目”为“目纵”。“正”从一从止，在爻辞中“一”为阳，有乾阳之意，“止”有停止之意，“正”可理解为太阳高悬天空。“乘”作何解呢？《易经》讲爻与爻之间的关系：凡上爻乘凌下爻谓之“乘”。所谓“乘”，是乘凌，居高临下之意。“直目正乘”突出烛龙居高临下地俯视，意为太阳高高挂在天空，其光芒照耀着大地。“目纵”和“直目”都是对眼睛的描述。在十天干中，“丙”五行为火，含有太阳、眼睛之意。人生病的“病”，即在丙火上加一个病字头。病是一个会意字，甲骨文的“病”字像一个盗汗的病人躺在床上。而病人精神状态相对于正常人来讲，主要体现在眼睛上。一般来说病人的眼睛是暗淡无光的，好比天上的太阳被乌云遮住，失去了光彩。“目纵”的蚕丛与“直目”的烛龙特征一致，寓意蚕丛能够高瞻远瞩，他的眼睛像太阳的光芒一样，能够照亮大家的未来。

蚕丛部落的迁徙路线大致是从岷江上游的茂汶地区沿江而下，逐渐在成都平原的“瞿上”建都立国。蚕丛所到之处无不和山有关联，即使是“瞿上”也是成都平原的一个丘陵山区。可见，古蜀人对大山有着特殊的情感。此外，蚕丛部落的迁徙路线与《华阳国志》中的“天彭阙”颇有渊源。徐南洲先生在《天彭阙考释》中表达了自己的观点，他认为天彭阙是古蜀先民的“观象台”，具体说或是后世“土圭”的原型；土圭就是仿其形状的由人工制成的一种观象仪器。《淮南子·天文训》中有关于表木测影的详细记载（图2-18）。

南北两山相向对立的“天彭阙”为古蜀人的自然圭表观象台，如果把蚕丛的一双“纵目”垂直于水平地面放置，就像用来测量太阳影子的“圭表”。蚕丛正是用自己的双眼观测所在地的“天彭阙”，确立了原始的历法，指导人民如何养蚕，如何耕种，时间一长，他的眼睛就被神化了，被神化的眼睛成为“纵目”。正是因为蚕丛已经熟练掌握了太阳的周天运行规律，他用自己的眼睛观测圭表上的日影确定时节，所以才能“衣青衣，劝农桑，创石棺”，让蜀人世世代代以他为榜样。

古人确定方位的办法

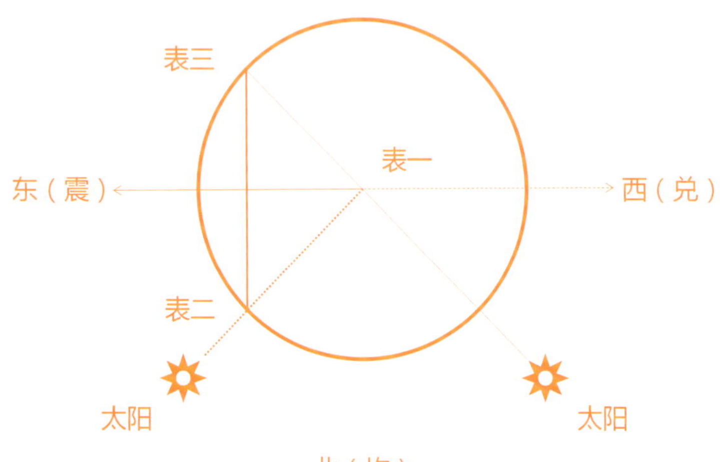

《淮南子·天文训》："正朝夕，先树一表东方，操一表却去前表十步，以参望，日始出北廉，日直入。又树一表于东方，因西方之表以参望。日方入北廉，则定东方。两表之中，与西方之表，则东西之正也。"

先树立表一于东面作为观察基点，然后手持表二在距离表一十步的地方观测，当太阳从东北升起时，调整表二，使表一、表二和太阳处于一条直线上。等到太阳从西北角落下时，又手持表三在表一的东面，通过西面表一参照观测，使太阳和表一、表三处于一条直线上。表二、表三连线的中点与表一的连接线就指向正东和正西。

（图2-18）

后来，由于松潘、茂汶地区地质灾害频繁，蚕丛部族最终迁徙到成都平原定居，但即使到了“瞿上”，仍然延续着借助高山“自然圭表”观测太阳以确定时节的习俗。古蜀人观察太阳来安排劳作，体现了其对太阳的崇拜之情。

农耕文明与鸟崇拜

五代蜀王分别是蚕丛、柏灌、鱼凫、杜宇、开明。根据古蜀传说可知杜宇为杜鹃，一种和农耕相关的鸟；鱼凫指当地一种捕鱼的水鸟；柏灌为何种鸟，暂不得而知。柏灌、鱼凫、杜宇三代蜀王皆以鸟为名，再结合出土的与鸟相关的文物，不难看出，鸟崇拜是古蜀国的一种文化现象。鸟崇拜的文化内涵是什么呢？

整体来讲，鸟崇拜的内涵应该是多方面的，不同种类的鸟有不同的含义。这样的推断基于中国古代文化把宇宙自然看作一个庞大的有机体，每个部分都是相互关联的。从哲学的角度讲，古人认为心物是一元的，即格物才能致知。从大的外部环境方面来看，四川盆地四周均是高山，蜀道艰险难攀，而鸟在天上自由自在地飞，能到达许多人到不了的地方，古人向往鸟的这种飞翔能力，并把鸟称为“天地之号令者”。李淳风的《乙巳占·卷第十》对风有这样的描述：“《易》曰：‘巽为风。’巽卦曰：‘重巽以申命。’又云：‘挠万物者，莫疾乎风，风以散之。’《诗序》曰：‘风，讽也，教也。风以动之，教以化之。然则风者，是天地之号令，阴阳之所使，发示休咎，动彰神教者也。’”鸟的神格化即为凤，古字凤通风，古人把对鸟的崇拜上升到了对风神的崇拜。不同的季节，有不同的风，风的温度、湿度、强弱及风向都会对以农业为主的部落文明产生很大的影响，因此也就出现了《山海经》和甲骨卜辞当中“四风之神”的记载。

虽然大多数学者认为三星堆古蜀国属于传说中的鱼凫时期，但出土文物上的各类鸟形饰其实表明三星堆古蜀国与传说中的杜宇时期更为相近。确切地讲，古蜀国应当为一个部落联盟，“鱼凫”崇拜对应早期以捕鱼为生的古蜀人，而“杜宇”崇拜则说明了后来的古蜀人进入了精耕细作的农耕时代。不同于渔猎时代，在农耕时代，人们对天时的准确掌握显得尤为重要。观察天气变化对农业的影响有两种途径：一是通过在祭祀台观察恒星与季节的关系，即找到对季节有提示作用的恒星，并记录其运行规律；二是观察鸟与季节的关系，即不同季节鸟的不同形态。李时珍言：“杜鹃出蜀中，今南方亦有之，状如雀鹞，而色惨黑，赤口有小冠。春暮即啼，夜啼达旦，鸣必向北，至夏尤甚，昼夜不止，其声哀切。田家候之，以兴农事。”而“杜宇”就是现实中的杜鹃鸟，即布谷鸟，又称子规鸟，叫声似“快快割麦”“割麦割谷”，因此三星堆古蜀国与杜宇的联系更加紧密。

古人认为，五天为一候，三候为一气，两气为一节，六气为一时，一年四季因此形成了二十四节气。谷雨是二十四节气中第六个节气，也是春季的最后一个节气。谷雨时节的吉祥鸟有两种，除了布谷鸟之外，还有一种鸟叫戴胜。为什么叫戴胜？《山海经》中在对西王母形象的描述中提到了它：“西王母其状如人，豹尾虎齿而善啸，蓬发戴胜。”结合这种鸟的造型，“戴胜”应该是指这种禽鸟头上的凤冠。前面讲到，一气为三候，共十五天。在谷雨“三候”中，初候是“萍始生”，指降雨量增大，水上的浮萍开始生长；二候是“鸣鸠拂其羽”，指布谷鸟在三月中下旬便拂动自己的羽翼，高唱“布谷、布谷……”，提醒人们该播种了；三候是“戴胜降于桑”，在布谷鸟鸣叫催耕的同时，戴胜鸟也在桑树上出现了。此时正是春蚕上市的时节。相传蜀地先祖嫘祖、蚕丛的丰功伟绩都与桑蚕有关。

布谷鸟和戴胜鸟同为谷雨时节的吉祥鸟，它们同时出现在田间耕地上，提醒人们把握农时，男人下地耕耘，女人在家织布。同时，它们也不会闲着，在田间树上也十分忙碌，啄食毛虫等害虫，护佑着一片片农田和森林。所以自古以来，人们视它们为报春鸟、吉祥鸟。古代文人墨客的诗词当中也经常看到它们的身影，如唐代诗人张何《织鸟》记载：“季春三月里，戴胜下桑来。映日华冠动，迎风绣羽开。候惊蚕事晚，织向女工裁。旅宿依花定，轻飞绕树回……”这样一来，我们就很容易理解为什么古蜀人对鸟如此崇拜，三星堆遗址出土的这类羽冠鸟的原型实际上源于现实中的“戴胜”。古蜀先民们通过对大自然长期的观察，发现布谷鸟和戴胜鸟的活动规律可以对农业生产起到明显的提示作用。这样一来，天气变化与动植物又联系到一起，这或许就是“物候学”的滥觞。自然气候的变化由此引发了节气的概念，再通过人们不断的实践总结，最终对农事活动有重要指导意义的二十四节气形成了。因此鸟崇拜实际上是古蜀人现实生活的直观体现，也只有全身心融入大自然的人才能创造出如此具有神韵的鸟类造型。

当然，对于以农为生的早期部落联盟的统治者来讲，鸟崇拜的另一实质也是世俗权力的最高象征。《左传·僖公五年》记载：“凡分、至、启、闭，必书云物，为备故也。”这里的“分、至、启、闭”按西晋学者杜预的注解更为明白，即“分，春、秋分也；

至，冬、夏至也；启者，立春、立夏；闭者，立秋、立冬，云物者，气色灾变也。”整句的意思为凡二分、二至、二启、二闭等时节，都要记录下当时的气候，以及云色、灾患等变化。相传黄帝时期的少皞氏以四种神鸟司时：玄鸟司分（春分、秋分），伯赵司至（夏至、冬至），青鸟司启（立春、立夏），丹鸟司闭（立秋、立冬）。《左传·昭公十七年》记载：“凤鸟氏，历正也。”杜预注：“凤鸟知天时，故以名历正之官。”孔颖达疏：“诸书皆言君有圣德，凤皇乃来，是凤皇知天时也。历正，主治历数，正天时之官，故名其官为凤鸟氏也。”

古代“凤”通“风”。《说文解字》：“风，八风也。东方曰明庶风，东南曰清明风，南方曰景风，西南曰凉风，西方曰阊阖风，西北曰不周风，北方曰广莫风，东北曰融风。”孔颖达《正义》：“八风，八方之风也。”司马贞《史记索引》：“八谓八节之气，以应八方之风。”这里的“八节之气”指的便是《左传》当中记载的分、至、启、闭的八个节气。这样来看，鸟崇拜又与八节、八风联系到一起了。

《河图帝通纪》记载：“风者，天地之使。”《周礼·春官》记载：“保章氏掌天星……以十有二风，察天地之和，命乖别之妖祥。”这里的保章氏相当于现在的气象局官员。但古代保章氏通过对季候风的观察来预判人世间的吉凶祸福。可以说，垄断了天文历法也就垄断了世俗权力。只有最高权力者才拥有与神直接沟通的权力，这些带有鸟形饰的礼祭器物应当是所有者等级身份和社会地位的直接反映。

青铜鸟形面具里的太阳崇拜

我国的仰韶文化遗址、红山文化遗址、龙山文化遗址等发现了各种各样的陶制和玉石器面具，一般认为，这些面具与原始的宗教祭祀活动密切相关。面具文化存在于人类早期历史当中，是一种共生文化现象，属于造型艺术的一个特殊领域。古代的许多部落常把雕刻和绘画结合在一起，通过面具的形式，来体现其独特的审美和精神诉求，这也是原始狩猎、部落图腾、神巫信仰等多种因素孕育的结果。

商周时期，很多地区出现了铜制面具和黄金面具，其中以三星堆和金沙遗址出土的青铜面具及金面罩最具代表性。值得一提的是，在同一时期的中原商王朝还并未发现类似三星堆遗址和金沙遗址出土的金面罩的器物。三星堆遗址和金沙遗址出土的金面罩独特的造型和精湛的工艺足以媲美古埃及新王朝时期的图坦卡蒙金面具、古希腊迈锡尼文明时期的阿伽门农金面具。国外的金面具大多是肖像造型，以此来象征面具是神灵寄居的载体，是连接王权和神权的重要媒介。与国外金面具不同的是，三星堆遗址的金面罩是贴在青铜头像的表面的。除了少量的金面罩以外，三星堆遗址还出土了20余件青铜面具。这些面具主要采用了虚实结合的创作手法，特征是“刀眉、粟眼，方颐、阔口，鹰钩鼻，耳垂穿孔”，其整体造型庄重，给人一种威严中的“狰狞之美”。当人们用眼睛凝视这些充满神秘色彩的面具时，会产生一种视觉上的震撼感。例如经修复完整如新的“青铜大面具”，高72厘米，宽132厘米，重达百千克（图2–19）。其轮廓、线条鲜明，立体感强，整体采用了范铸法，两耳采用嵌铸法与面具整体部分连接。毫不夸张地讲，这批三千年前古蜀人的杰作，即使用现代人的审美标准来评判，也不会觉得过时。要完成如此精细的铸造，显然需要很多工匠的密切协作，由此可见古蜀国强大的综合国力和先进的铸铜工艺。

如此巨大的面具究竟有何用途？显然，直接佩戴在脸上完全不可能。细心的朋友通过观察会发现面具的耳朵旁边和额头中间都有方孔，特别是额头中间的方孔，其边沿上有明显的工具切割的痕迹。这种铸造成型后再刻意切割的孔，不排除是为了安装某些装饰物件或者起固定作用的。从面具的造型上看，鸟的某些元素特征较明显，例如面具的鹰钩鼻像鸟的钩喙，面具的耳朵好似鸟类变形的翅膀，等等。结合当时的背景，这些成批的青铜面具应与古蜀国的巫祭活动密切相关。学界认为，此类面具应当是在特定的祭祀活动中供奉于神殿之中的神像。

青铜大面具

（图2-19）

很多学者倾向于把这些面具和产生于上古时期的一种特定祭祀活动——“傩祭”联系在一起。有学者考证，“傩”在苗语中为鸟的意思，傩神即鸟神。苗族是崇拜鸟图腾的民族，汉字“傩”的发音应当来自苗语词汇“鸟”。傩是苗族文化中的神，至今尚有较为详尽的关于傩神起源的唱词和故事，而苗族的祖先最早可以追溯到上古时期的蚩尤部族。目前对“蚩尤”的解读还存在两种说法。一说蚩尤为炎帝，这种观点主要出于有学者考证，炎黄之间的“阪泉之战”与黄帝与蚩尤之间的“涿鹿之战”是在同一个地方，且传说中的蚩尤和炎帝的主要功绩相同，都为教民播种五谷，对农业做出了巨大贡献。另一说认为蚩尤为九黎族首领，后臣服于炎帝部族，由于炎帝部族战败于黄帝部族，炎帝部族归顺于黄帝部族，而蚩尤不愿被黄帝统治，后来发生了与黄帝部族的“涿鹿之战”。以上两种释说的共同点在于苗族的祖先蚩尤都与炎帝有关，而炎帝是公认的中华农耕文明的创始者。根据考证，苗族也是一个农业部族，主要以生产水稻为主，所以苗族的“神雀祭”应与农耕文明息息相关。

《周礼·夏官》记载：“方相氏掌蒙熊皮，黄金四目……帅白隶而时难，以索室驱疫。”后世经学家注解“难”即“傩”。古籍说“傩”的主要用途是“驱鬼辟邪”。那么“傩”字的本意是什么呢？傩字的繁体字构成包括“亻”“隹”，“亻”表示它与人事有关，“隹”就是雀。由此看出，“傩”应是崇拜神雀的农耕民族所举行的“神雀祭”。对于任何一个古老的农耕民族来讲，祭祀活动的主题无非“观象授时”，确定和农业相关的历法，从而指导正常的农业生产、生活需要，保证持续的发展。不难想象，对于已经掌握精耕细作生产方式的苗族来说，“神雀祭”的主题离不开和太阳相关的历法。

在古人的心目中，鸟不仅能发布“天地之号令”，更是太阳的使者，任何一个农耕文明想要持续发展下去都离不开太阳。《左传·昭公十七年》记载了东夷部族的“鸟”与太阳的关系：“我高祖少皞挚之立也，凤鸟适至，故纪于鸟，为鸟师而鸟名。凤鸟氏，历正也；玄鸟氏，司分者也；伯赵氏，司至者也；青鸟氏，司启者也；丹鸟氏，司闭者也。”《左传》所讲少皞部落的鸟官主要有五种，除凤鸟外，其余四种均有固定的迁徙或鸣叫时间，反映了古人对历法的重视。凤鸟氏掌管历法，叫作“历正”。玄鸟是燕子，春分来，秋分走，故玄鸟氏掌管春分、秋分。伯赵即伯劳鸟，夏至鸣，冬至止，故伯赵氏掌管夏至、冬至。青鸟掌管立春、立夏，丹鸟掌管立秋、立冬。从《左传》的记载中可知东夷少皞部落的鸟官们，掌管着与太阳运行有关的天文历法。太阳的周天运行划分为一年四季（四时），再进一步细分为四时八节，又有四时八节太阳历，可见，东夷少皞族由对太阳的崇拜和详细观测，衍生出了与太阳相关的历法。除了东夷少皞的鸟官们反映出太阳崇拜的思想外，与三星堆相关联的金沙遗址所出土的太阳神鸟金箔也反映出古蜀人对太阳的崇拜（图2-20）。

太阳神鸟金饰

金沙文物中的『神鸟』图像
金四鸟绕日饰镂空鸟形
Bird Images Hollowed Out from the Gold Ornament Featuring Four Birds Surrounding the Sun
金带饰鸟图像
Bird Images in the Gold Ornamental Belt
青铜璧形器
Bronze Disc-shaped Implement

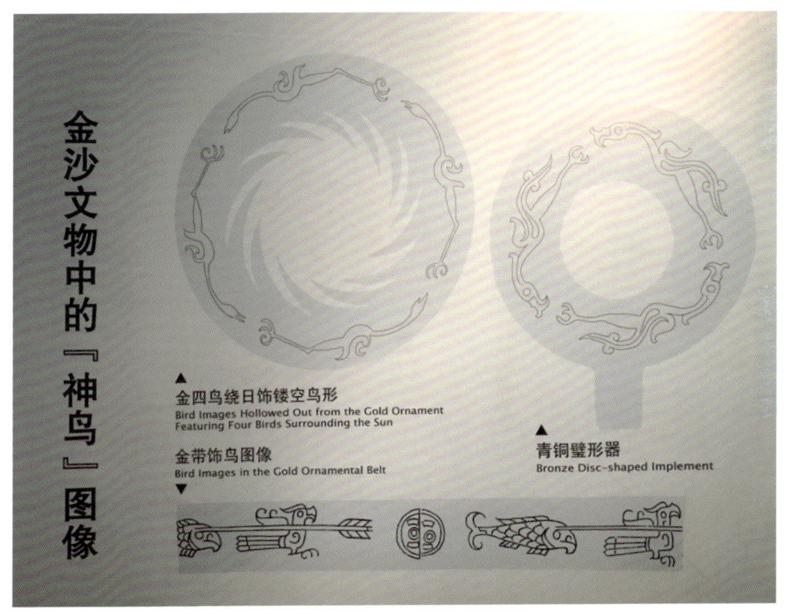

（图2-20）

青铜人身形牌饰上的『鸟官』

这件青铜人身形器出土于二号祭祀坑，高46厘米，宽17.5厘米，属于商代晚期。目前，这件器物怎么摆放和其用途尚不明确。如果把纹饰倒放，这块牌饰似人肩及以下背部形状，下端有两腿，小腿后侧下凹，内有五条平行线，下端有凸弦纹，背中部有一浅脊棱，背部有两幅相同的纹饰，纹饰似为变形的鸛鸟纹。如果把纹饰正放，上部纹饰为三只鸛鸟，下部纹饰为两只鸛鸟。处于同一水平位置的鸛鸟与鸛鸟被两相背的钩状纹饰相隔，上、下两部分鸛鸟纹之间有一V形的带状网纹（图2–21）。

从古籍《广韵》《集韵》《韵会》得知，鸛鸟的特性为好水，将雨则鸣。《禽经》记载："鸛仰鸣则晴，俯鸣则阴。又鸛生三子，一为鹤，巽极成震，阴变为阳，震为鹤，巽为鸛。"以上记载说明鸛鸟能知天时和气候的变化，在古人眼里鸛鸟是天地的晴雨表，能发布天地之号令。从人身形器的线描图上，可以清晰地看到，鸛鸟的头部正上方有一圆圈，此圆圈寓意着太阳。鸛鸟与太阳的组合很容易让人想到金乌背日的传说。

我们会发现五只鸛鸟中，有四只鸛鸟的头部正中有代表太阳的圆圈符号，而位于正中的鸛鸟头顶没有圆圈。如果以V形带状网纹正中的圆点为中心，按照后天八卦的方位建立一个十字坐标系，左上角的鸛鸟位于东南方，右上角的鸛鸟位于西南方，左下角的鸛鸟

位于东北方，右下角的鹳鸟位于西北方，中间的鹳鸟代表中心方位。四角的鹳鸟方位即十二地支当中的“寅、申、巳、亥”，古称“四隅”。仔细观察“四隅”的鹳鸟头上的太阳，左上角的鹳鸟头顶的圆圈是从V字形上面升起，右上角的鹳鸟头顶的圆圈位于V字形和顶部的人字形之间，左下角和右下角的鹳鸟头顶的圆圈已经完全和顶部的人字形相合。对于此图案的文化寓意，目前学术界尚无定论。王大有先生在《上古中华文明》一书中提及：“∧”象征屋顶或天穹，“∨”代表山谷或大地，“⺅”代表方位左，“⺊”代表方位右，“|”代表中央“表木”或“表柱”。祭祀是在特定的时空举行的礼敬天地的仪式，由此推测，V形网状中心的圆圈代表祭祀中心的祭坛（天坛），而圆圈中心的黑点示意“表柱”立于祭坛中心（图2-22）。了解了这些图案、符号与祭祀、天象有关的特殊文化内涵后，我们就能更好地理解其中蕴藏的意义。

鹳鸟头顶上象征太阳的圆圈有的位于V字形上方，有的位于人字形下方或与人字形相合。古人都是通过观察太阳来确定时间，时间不同，太阳的位置也就不同，不同位置的圆圈也就含有不同的意义。按照古代坐北朝南、左东右西的方位观念，左上角的鹳鸟代表东南方位，其头顶的V字形象征着大地和山谷，寓意太阳从地平线上升起。右上角的鹳鸟代表西南方位，其头顶的太阳已经飞跃山谷，正向人字形天穹靠拢，但仍有一定的距离。左下角的鹳鸟代表东北方位，右下角的鹳鸟代表西北方位，其头顶的太阳与顶部的人字形天穹完全相合，说明太阳距离地面更加遥远，距离天更近。此五鹳鸟纹饰与青铜神坛中间的“四风之神”头冠上的S形曲线所表达的是同一文化含义。人身形牌饰左上角、右上角的鹳鸟头顶的太

纹饰倒放
宽17.5厘米
高46厘米
小腿后侧下凹

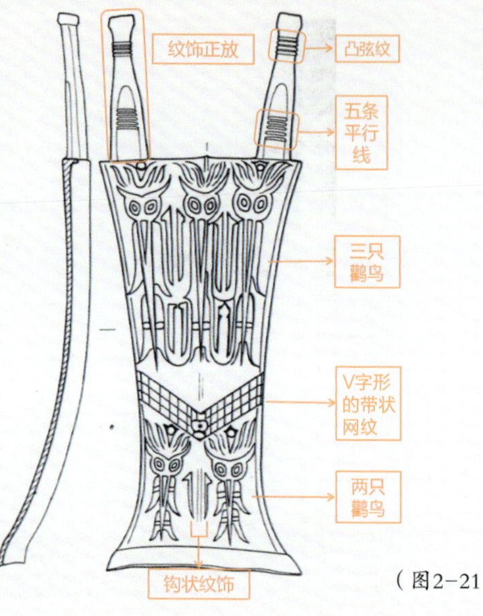
纹饰正放
凸弦纹
五条平行线
三只鸛鸟
V字形的带状网纹
两只鸛鸟
钩状纹饰

（图2-21）

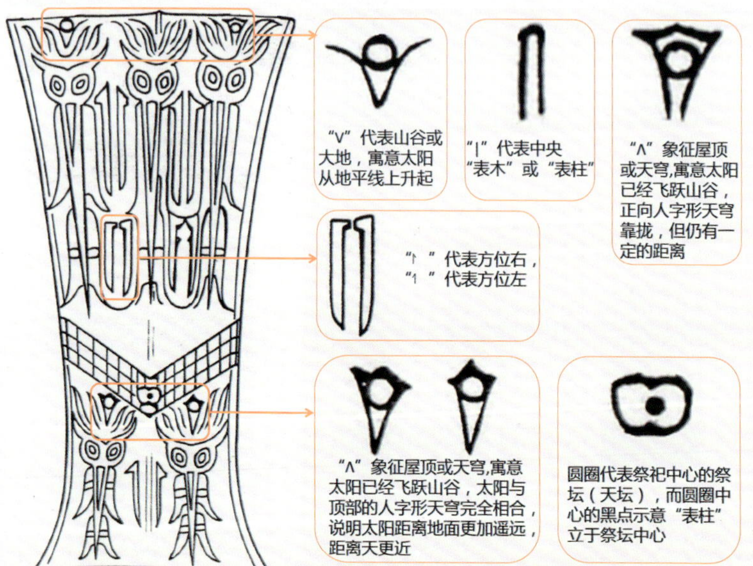
“V”代表山谷或大地，寓意太阳从地平线上升起
“|”代表中央“表木”或“表柱”
“Λ”象征屋顶或天穹,寓意太阳已经飞跃山谷，正向人字形天穹靠拢，但仍有一定的距离
“↾”代表方位右，
“⇂”代表方位左
“Λ”象征屋顶或天穹,寓意太阳已经飞跃山谷，太阳与顶部的人字形天穹完全相合，说明太阳距离地面更加遥远，距离天更近
圆圈代表祭祀中心的祭坛（天坛），而圆圈中心的黑点示意“表柱”立于祭坛中心

（图2-22）

阳代表的是秋分—冬至—春分时段太阳周天运行的位置：日出东南方（左上角），日落西南方（右上角）。这时的太阳距离天穹仍有一定的距离，寓意为光照时长不足，白昼相对较短。左下角、右下角的鹳鸟头顶的太阳代表的是春分—夏至—秋分时段太阳周天运行的位置：日出东北方（左下角），日落西北方（右下角）。这时的太阳更接近于人字形天穹，寓意为太阳光照得更远，白昼更长。

从本质上讲，五只鹳鸟纹饰所隐喻的文化内涵就是古蜀版的《左传·昭公十七年》所载东夷少皞的鸟官们。中间的鹳鸟为“凤鸟历正”，掌管着“表木”，其余四只头顶正中出现太阳的鹳鸟，即为司分的“玄鸟”、司至的“伯赵”、司启的“青鸟”、司闭的“丹鸟”。

此外，三星堆文化中的太阳元素不仅出现在铜牌饰上，很多青铜器物的造型及图案也与太阳崇拜有关（图2-23）。

（图2-23）

除了铜牌饰件上的“鸟官”对应八个节气，三星堆很多青铜器物中也蕴含了太阳崇拜的元素

JISI QITIAN

三光日月星

三星堆出土了大量用于祭祀活动的玉器、金器、青铜器，说明三千年前的古蜀国已经具备完善的宗教礼仪制度。本书开头的编者自序中已揭示古代祭祀的目的——“观象授时”。这里的“象”与天有关，即“天象”。按照经典启蒙古籍《三字经》的说法，这里的“天象”，即天上的“三光”。三光里的“三”有着特殊的意义。对于生活在地球的人类来说，太阳和月亮无疑是人类最早观察的星体，也是划分时间的重要依据。三光中的日月分别指太阳、月亮。三星堆出土的各类器物很多与太阳有关，如青铜太阳轮形器（图3-1），而三光中的“星”则是一个广义的指代范畴。

一说“星”即五星，即太阳系中的水星、金星、火星、木星、土星。有人或许会有这样的疑问，同属太阳系，为什么五星当中没有天王星、海王星呢？根据目前科学对太阳系的探索研究，我们知道：水星位于太阳系的第一轨道，金星位于第二轨道，地球位于第三轨道，火星位于第四轨道，木星位于第五轨道，土星位于第六轨

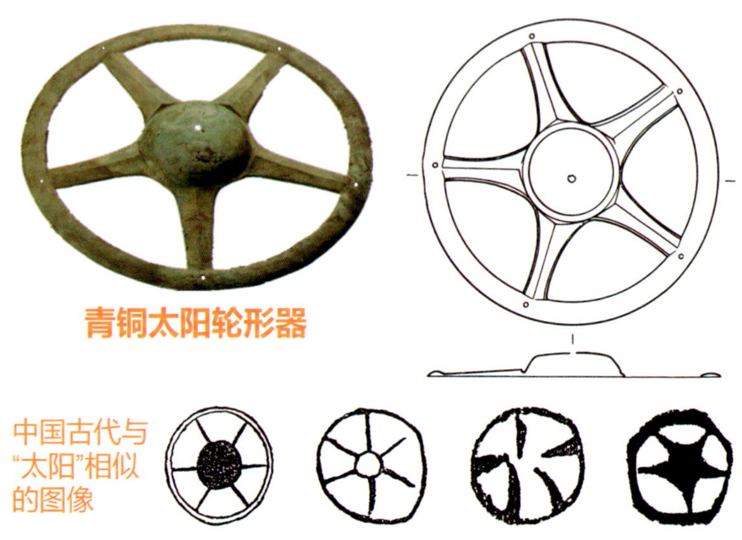

（图3-1）

道。以地球作为中心，左右两边分别是三个天体在依次运转，在古人原始的宇宙观中，宇宙的基本结构要素即三才：天、人、地。老子讲：道生一，一生二，二生三，三生万物。天王星、海王星相对于地球的距离太远，已经超出了"三"的范畴，与其他五星相比，不是考虑的主体对象。

除了五星说以外，三光中的"星"另说为古人在祭祀活动中观象授时、指导农事活动所观察的恒星。相对于观察太阳和月亮较为复杂的运行周期，一些在特定时节出现在天空中的恒星更有利于地上的人们发现并总结其与农耕活动的关联。俗话说，真理往往掌握在少数人的手里。在人类历史的发展进程中，总有一些人属于“先知先觉”的类型，他们引领整个时代的潮流，推动人类文明向前发展。对于生活在上古时期的古人来讲，在万物有灵的思想观念影响下，那些掌控国家祭祀活动的祭司便是他们眼中的先知——通灵者。早期的祭司被称为“巫祝”（事鬼神者为巫，祭主赞词者为祝，后连用以指掌管占卜祭祀的人），他们更善于观察、总结一些自然规律，可以很好地把时间和空间的概念结合起来并加以实践应用。

在神权色彩浓厚的上古时期，推动人类文明向前发展的主要是宗教与神学。以古埃及为例，根据长时间观察，古埃及祭司发现每年七月中旬，当天狼星在黎明前从东方升起，尼罗河开始泛滥。尼罗河水的泛滥灌溉了两岸大片农田，等到潮水退去，农民们便在肥沃的土地上播种。可以说，埃及所有的农业都与尼罗河的涨落潮息息相关。于是，埃及人便视天狼星为神明，将黎明前天狼星自东方升起的那一天确定为岁首。古印度的一种历法以月望在角宿为岁首。

古时水星被称为辰星，金星被称为启明或太白，火星被称为荧惑，木星被称为岁星，土星被称为填星或镇星。行星在围绕太阳公转的同时，相互之间存在一定的引力作用，而这种引力作用的强度大小与它们之间的距离远近有直接的关系。一些古籍记载，地球上的人类很早就开始观察这些与地球相邻的行星，并利用其运行规律指导日常生活。《阴符经》记载：“天地，万物之盗；万物，人之盗；人，万物之盗。”在古人的宇宙观念中，人与自然万物是高度融合的，大自然中一切生命都是由宇宙的自然衍化所形成的，即化生万物。同时，经过长期的实践观察，古人还认为人世间的吉凶祸福与天上星象的运行轨迹有密切的联系。如《周易·系辞》记载："天尊地卑，乾坤定矣。卑高以陈，贵贱位矣。动静有常，刚柔断矣……在天成象，在地成形，变化见矣。"这就是《阴符经》讲的："天发杀机，移星易宿。地发杀机，龙蛇起陆。人发杀机，天地反覆。"天人合一的思想体现了人们认知自然的一种境界。

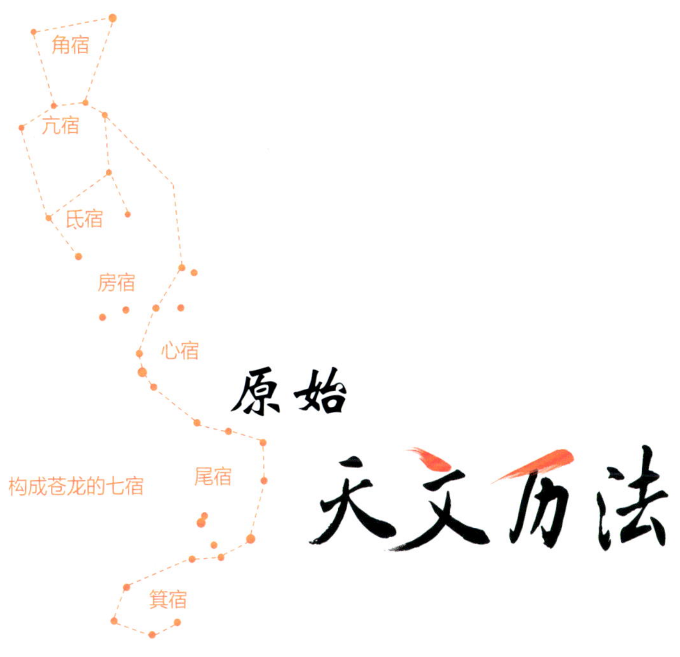

原始天文历法

古代占星家把周天黄道（太阳和月亮所经天区）的恒星分成二十八星座。《史记·律书》记载：“二十八舍……舍者，日月所舍。”司马贞《史记索隐》：“二十八宿，（七正）之所舍也。舍，止也。宿，次也。言日月五星运行，或舍于二十八次之分也。”舍的意思为停留、住宿之意。同时，二十八宿又与四宫、四象结合起来，再配合方位，即前朱雀、后玄武、左青龙、右白虎。东宫苍龙代表一年四季的春季，包含角、亢、氐、房、心、尾、箕七宿。南宫朱雀代表夏季，包含井、鬼、柳、星、张、翼、轸七宿。西宫白虎代表秋季，包含奎、娄、胃、昴、毕、觜、参七宿。北宫玄武代表冬季，包含斗、牛、女、虚、危、室、壁七宿。角宿和氐宿概念来源于古人“二十八宿”的概念（图3–2）。

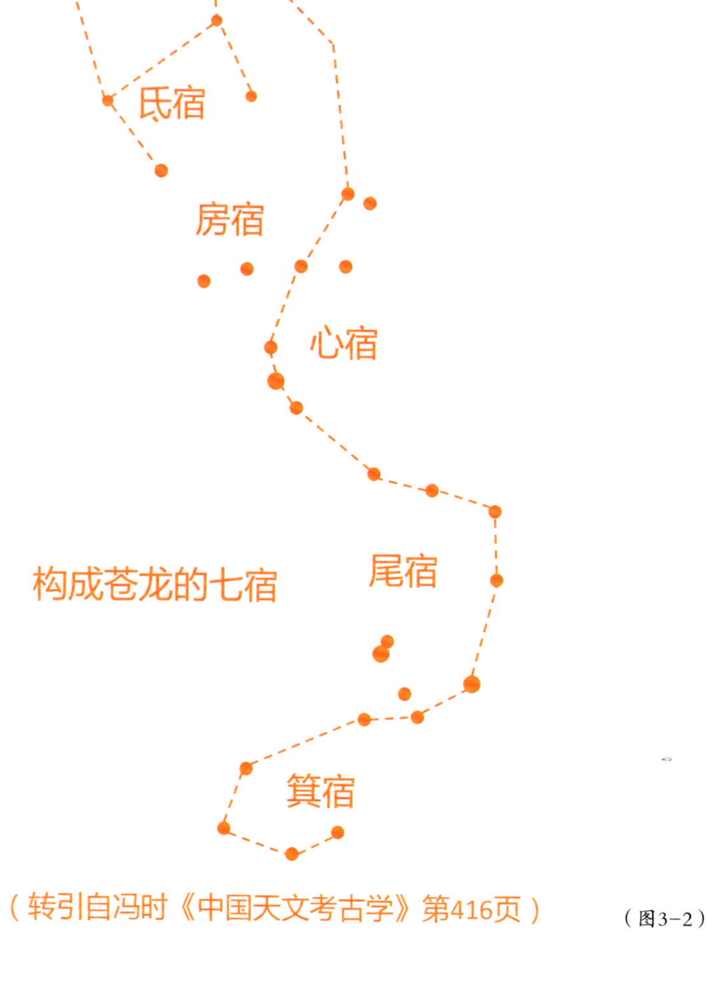

（图3-2）

一些古籍记载，华夏的老祖先很早便开始观察东宫苍龙的心宿在不同季节出现在周天中的方位，从而将其与当时社会的生产活动紧密结合起来。《礼记·曲礼》载：“天子祭天地。”孙希旦注解说，天子一年有九次祭天，冬至正祭，孟春祈谷，孟夏大雩……夏至祭地于北郊方泽。《礼记·明堂位》记载：“季夏六月，以禘礼祀周公于大庙。”周历正月建子，夏历正月建寅，夏历四月即周历的六月（图3–3）。

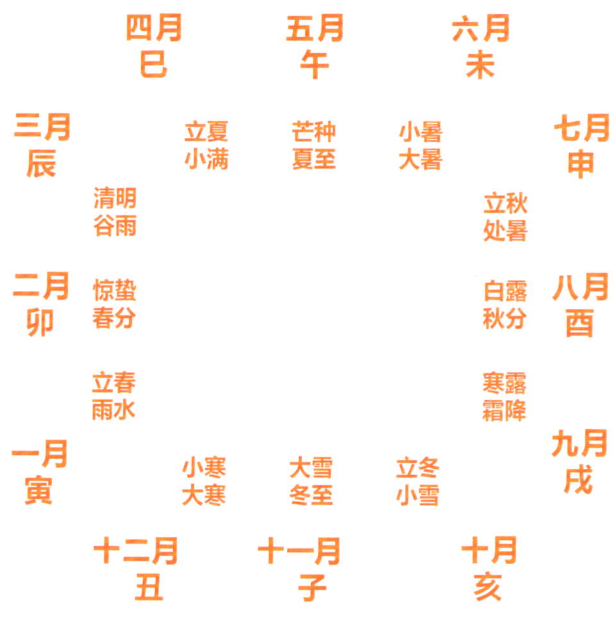

十二地支与二十四节气对应图　（图3–3）

现在所谓的农历是夏历，但夏、商、周分别以不同的地支作为岁首。夏历以正月建寅，商历以正月建丑，周历以正月建子。按照十二地支的排序，夏历的四月就是周历的六月，即夏历四月为十二地支中的巳月，孟夏之月。《说文解字》记载：“巳也。四月阳气已出，阴气已藏，万物见成文章，故巳为蛇，象形。”《史记·律书》记载：“巳者，言阳气之已尽也。”这里的孟夏不是现代人所谓的公历四月，而是农历四月，即按照二十四节气来确定。正月孟春，节气为立春、雨水；二月仲春，节气为惊蛰、春分；三月季春，节气为清明、谷雨；四月孟夏，节气为立夏、小满；五月仲夏，节气为芒种、夏至；六月季夏，节气为小暑、大暑；七月孟秋，节气为立秋、处暑；八月仲秋，节气为白露、秋分；九月季秋，节气为寒露、霜降；十月孟冬，节气为立冬、小雪；十一月仲冬，节气为大雪、冬至；十二月季冬，节气为小寒、大寒。孟夏之月与其他月份最大的不同在于天象标志为东宫苍龙七宿中的“心宿”昏见东方，古人称为“大火”星，西方星象学命名为天蝎座第一星。

《尚书·尧典》记载：“乃命羲和，钦若昊天，历象日月星辰，敬授民时。”我们的祖先很早就开始观察天体运转，编制历法，并利用其规律来指导人们的生活与生产。当“大火”星昏见东方的时候，对应地球上的节气正好是农事开始之际。《礼记·月令》记载：“（仲夏之月）大雩帝，用盛乐。”它的出现对于以农为生的劳动人民具有重要的提示作用，须用最高规格的礼仪来迎接它。《左传·昭公十七年》记载：“炎帝氏以火纪，故为火师而火名。”《左传·襄公九年》记载：“陶唐氏之火正阏伯居商丘，祀大火，而火纪时焉。”看来早在传说中的三皇五帝时期，便用大火纪时了。那么，三星堆的祭祀活动与古书上记载的大火纪时有关联吗？很显然，原始农业的发展与祭祀活动息息相关。

夯土祭祀台与天文历法

传说最早人与神是混居互通的，但后来到了五帝之一的颛顼时期，发生了一次重大事件，史称“绝地天通”。《书·吕刑》记载：“乃命重黎，绝地天通，罔有降格。”后世儒生认为：“重即羲，黎即和。尧命羲和世掌天地四时之官，使人神不扰，各得其序，是谓绝地天通。言天神无有降地，地祇不至于天，明不相干。”天地各得其所，人于其间建立固定的纲纪秩序。“绝地天通”带来的直接后果就是普通的人与神不能沟通了，但是聪明的巫祝想出了新的办法，就是创造出通往天界的神山——祭祀台。

目前，学界更倾向于“三星堆”为古代人工夯土祭台这一观点（《古蜀国国都——三星堆》一篇中已述）。有的学者基于这种观点，认为“三星堆”很可能是古代天子的“三台”，即灵台（灵台以观天文）、时台（时台以观四时施化）、囿台（囿台以观鸟兽鱼鳖）。但由于20世纪70—80年代当地砖厂取土烧砖，目前三星堆仅残存半个土堆，已经很难恢复其原本的模样。为了更深入窥探“三星堆”的奥秘，人们把目光投向了与三星堆古蜀文明有着传承关系的成都“羊子山”祭祀台。

与三星堆相邻的成都北郊驷马桥羊子山坡上的“羊子山祭祀台”是在1953年修建宝成铁路时被发现的。考古工作者发掘后证实这座土台有规则夯层，确认为西周初年的一处方形土台。土台呈回字形，推测共有三级，每级高4米，则土台高12米。每级有登台土阶，用泥草制作而成的土砖修建，再以土夯实。在一望无际的成都平原上，这样的土台显得非常壮观。如果从羊子山土台的造型来看，回字形对应数字四，即“四象”，三级方台对应数字三，即“三才”。《尔雅》中所讲的丘，一成为敦丘，再成为陶丘，再成锐上为融丘，三成为昆仑丘。“昆仑”这两个字常常具有浓厚的神话色彩，即上古时期诸神所居之地。数字三和“昆仑”结合起来，便与人们意识中的“神”产生了某种关联，羊子山的三级方台或许正是古蜀祭司们与神沟通的“昆仑丘”。研究认为，羊子山夯土台与三星堆古蜀文化属于同一考古文化序列中的前后传承关系，由此推测人工夯土“三星堆”很有可能也是祭台。

早在几千年前，分布在世界各地的夯土祭祀台与原始的天文历法便有着密切的联系。在中美洲墨西哥中部古城多提哈罕的废墟上，矗立着一座巨大的金字塔，是古印第安人祭祀太阳神的地方。这座巨型金字塔呈梯形，坐东朝西，其天文方位使人惊骇。在玛雅文化中，人们崇拜的太阳神被称为“库库尔坎”，即羽蛇神。人们在库库尔坎神庙朝北的台阶上，精心雕刻了一条带羽毛的蛇，蛇头张口吐舌，蛇身却藏在阶梯的断面上。在每年春分和秋分的下午，太阳西坠，北墙的光照部分棱角层次分明，那些光影从上到下，呈波浪状，仿佛一条巨蟒从天而降。塔的四面各有91级台阶，直达塔顶。四面台阶共有364级，再加上塔顶平顶，不多不少，365级，这正好是一年的天数。

夯土祭祀 大有乾坤

古人祭祀的目的是达到天地相通、人神感应。儒家主要围绕“仁”来阐释人道，仁字左边为人，右边的二横分别代表天、地。仁字是要告诉大家，人类从不孤单，因为有天地相伴，以天为被，以地为席，寒来暑往，爱在天地间，便能与天地精神相往来。道家讲“人法地，地法天，天法道，道法自然”。人类社会想要与自然和谐共处，就必须遵循天地造化之道。我们的老祖先们观天道以立人道，并用易卦的形式模拟宇宙自然变化的规律，给人以启示，指导人类与自然和谐相处，从而追求天人合一的最高境界。《周易》六十四卦的前两卦分别为乾卦、坤卦，乾天为阳，坤地为阴，素有“乾坤易之门”的说法。而在太极图中，阴阳鱼眼位置则是通往宇宙最深处的门户。如果把三星堆古城看作太极图，那么两个祭祀区就是太极图中阴阳鱼的鱼眼，它们各自承担着不同的祭祀功能。那么问题出现了，修筑在月亮湾台地的宫殿区和作为祭祀中心区的三星堆哪一个是乾天，哪一个是坤地呢？答案要从“天南地北”说起。

这里的“天”实际上代表的是太阳。古代的宫殿方位遵循的是坐北朝南，原因有二。从人文的角度讲，早期的国家都为联邦性质，部落联盟的最高统治者来源于黄河流域，南方广大地区都在北方的管辖范围内。为了体现最高君王心中有百姓，北方的君王在修建宫殿的时候，使宫殿的大门面对南方，君王每天早晨起床的时候一打开门，面对的是南方，以此来提醒自己时刻把人民放在第一位，施行仁政，才能国泰民安。从天文的角度讲，华夏祖先生活在北半球。经过长期的实际观察，先民们发现每日太阳在天空中运行到最高点的位置，下面正好是南方地区，久而久之便有了“天南”的概念。而当他们背对着太阳往前看，却是一大片广袤的土地，于是便有了“地北”的概念。这样一来，原始的天文历法就与人类社会早期对太阳运行规律的观察结合起来。后来掌握了历法规律的极少数人被普通人笃信为能与神沟通的人，这样一类人渐渐地被大众推选为早期国家的统治者，从此神权与王权完美地结合在一起。

《周礼·春官》记载：“夏日至，于泽中之方丘奏之。”古代经学家注解：“言泽中方丘者……因下以事地，故于泽中……不可以水中设祭，故亦取自然之方丘，象地方故也。”《尔雅·释宫》记载：“四方而高曰台，陕而修曲曰楼。”《史记·封禅书》载公玉带上《明堂图》，水圜宫垣，上有楼，从西南入，名为昆仑。这里的“明堂”即天子的住所，古代的一切政令自此而出。宫殿区本身地处台地之上，四周被水环绕，即《周礼》所讲的“泽中方丘”。从大的地理位置看，宫殿区位于古城的北面，靠近鸭子河，隔马牧河与南面的三星堆相望，形成三星伴月的人文奇观，完全符合“天南地北”的古都朝向理论。试想，国王居住在高地之上，整座古城一览无遗。坤位最大的特点是厚德载物，任何一位明君，将仁义道德放在第一位，才能君临天下。统治者们通过祭祀的神秘仪式来观象授时，向百姓传播农耕知识，百姓掌握了统治者教授的技能，丰衣足食，从而更加拥护他们的“天子”。可以说，古代宫殿区的功能和早期帝王祭祀的场所合二为一。那么位于三星堆古城北面的月亮湾台地上的宫殿区应当是祭祀的场所，即地坤的位置。

坤位确定了，那么属于乾位的鱼眼正好是古城南面的祭祀中心区。1986年发现的两个商代祭祀坑中，大量的器物有被砸毁和焚烧的痕迹，即古书上记载的燔燎（烧柴祭天）。祭祀坑位于宫殿区的南面，靠近南城墙，这样的祭礼也符合方位，即“祭天于南郊之外”。这样来看，三星堆可能对应天上星象的假设就更有说服力了。所谓祭天，无非是统治者们观察天体的运转周期，掌握一定的规律后，确定国家的原始历法。

巫文化 观天看地的

要完全了解一种文化，首先要把它置于当时所处的时代背景中去。三星堆文化是三千年前古蜀文明的典型代表，可与中原殷商文化相媲美。《礼记·表记》记载："殷人尊神，率民以事神，先鬼而后礼。"殷商时代是一个鬼神崇拜盛行的时代。从殷墟出土的大量甲骨文中不难看出，商朝的统治者热衷于各种类型的祭祀活动。从三星堆出土的文物中也能看出，古蜀国的统治者也热衷于各种类型的祭祀活动。祭祀活动通过占卜的形式体现，而古代从事占卜活动的人被称为"巫祝"。

三星堆遗址出土的大量文物所反映的文化特征，多与古代的祭祀活动有关，从某种意义上来讲，对三星堆文物的解读绕不开古蜀国的"巫"文化。但与中原殷墟不同的是三星堆遗址尚未出土类似于殷商时代甲骨文的文字，这给研究者破解古蜀文明带来一定难度。近代文学大家鲁迅先生称《山海经》为"古之巫书"。目前学术界对于具有浓厚神巫色彩的三星堆文化的解读，多引用《山海经》当中的记载。《山海经》中记载了大量的有关古巫祭祀的活动。那么除了《山海经》之外，还有没有古籍经典和古代社会的"巫"有关联呢？20世纪七八十年代，马王堆三号汉墓出土了大量的帛书、竹简和帛画。特别是帛书，有二十多种，共十二万多字，大部分为失传一两千年的古籍。马王堆古书的出土，为研究中国古代历史和哲学思想提供了丰富的新资料。

马王堆出土的帛书《易传》的《要》篇里孔子说了这样一段话："《易》，我后其祝卜矣，我观其德义耳也。幽赞而达乎数，明数而达乎德，又仁守者而义行之耳。赞而不达于数，则其为之巫；数而不达于德，则其为之史。后世之士疑丘者，或以《易》乎！吾求其德而已，吾与史巫同途而殊归者也。"

以上的这段话表明了孔子对《易经》的看法是把其占卜功能放在次等的，他首先考虑的是《易经》所蕴藏的"德"性，并进一步指出了巫、史、有德行的君子都在运用《易经》里所包含的天道自然法则，但各自的终极目标有所不同。"巫"运用《易经》的侧重点在于"赞而不达于数"。什么是赞呢？《周礼·太宰》注：赞，助也。可见"赞"为帮助、辅助之意。《说文解字》记载:"巫，祝也。"《说文解字》记载:"祝，祭主赞词者。从示，从人、口。"《易经·说卦传》记载："兑为口，为巫。"巫通过祷告、祝福的方式祈求国泰民安，辅佐帝王稳固江山社稷。"数而不达于德，则其为之史。""史"运用《易经》的侧重点在于"数"。《左传·僖公十五年》记载："龟，象也；筮，数也。物生而后有象，象而后有滋，滋而后有数。"《国语·晋语》记载："筮史占之。"《汉书·艺文志》大序记载："数术者，皆明堂羲和史卜之职也。"可见，"史"实际上是由巫逐渐演变而来的，两者都在运用易的法则，只不过侧重点不同。巫侧重于"幽赞"，史侧重于"明数"。相对于巫和史，孔子侧重于《易经》中所包含的"德"性。

伏羲画卦，文王演卦，孔子释卦，体现了祖先从认知自然到认知人文。巫字从"工"从"人"，"工"的上下两横分别代表天、地，中间的“丨”意味着上达天旨、下抵地意，“人”则是能与天地沟通的众人。“巫”字意为能与天地沟通之人，而“巫”作为古蜀国统治阶级，他们善于观察天地之变化，合理利用自然规律，从而寻求治国安民的良策。观天看地的巫文化，体现了古蜀人对自然的敬畏之心，愿与自然和谐相处之情。古蜀统治阶级“巫”带领古蜀人民通过祭祀苍天，祈求“风调雨顺”。站在宇宙的维度看生命为天道法则，站在生命的高度看生活为地道法则，站在生活的角度看生存为人道法则。对三星堆的“巫”文化的解读，弥补了缺乏文字记载的不足，为人们了解三星堆文明开启了一扇窗。

三界写照——青铜神坛

1986年，三星堆二号祭祀坑出土了三件青铜神坛残件，考古学家历时两年将神坛成功修复。修复后的青铜神坛总高度为53厘米，分为三层。底层为两头神兽，一正一反呈顺时针站立。中间为四名头戴冠帽的站立人像，他们头顶环绕状的山峰，手握“法器”，面朝四方祭拜。最上层是方斗形的神殿建筑物，建筑物的每一面有五个戴着面具的站立人像，人像的双手呈抱拳状，这或许是一种特定的祭祀手势。每一面五人像的正上方立有一人面鸟身的神人像，露出神秘的微笑。在建筑物的四角上各站立一神鸟，昂首挺立，做展翅飞翔状。三星堆遗址出土的很多文物无论其数量还是造型都与数字三有关。比如青铜兽面具出土九件，分三种类型，每型各三件。又比如神树整体分三层，每层三根树枝。显然，这是一种精心设计的宗教礼制的具体体现。对于神坛，目前学术界普遍观点是：神坛的立体造型反映的是古蜀人“天、地、人”的宇宙观念（图3–4）。

最上层方斗形建筑物代表“天”界。建筑物的四角上各站立一神鸟，即“太阳神鸟”。建筑物的每一面都有五个站立人像，双手呈抱握状。古人认为数字五为“小衍之数”。在河图当中的数字一至五为“生数”。奇数一、三、五之和为九，偶数二、四之和为六，奇偶之和为十五，即九宫洛书纵横交错数理之和。同时，数字五还代表五行、五位、五季（春、夏、长夏、秋、冬）、五岳、五脏等不同的天文、地理、人文等概念。由此来看，这里的五人应是

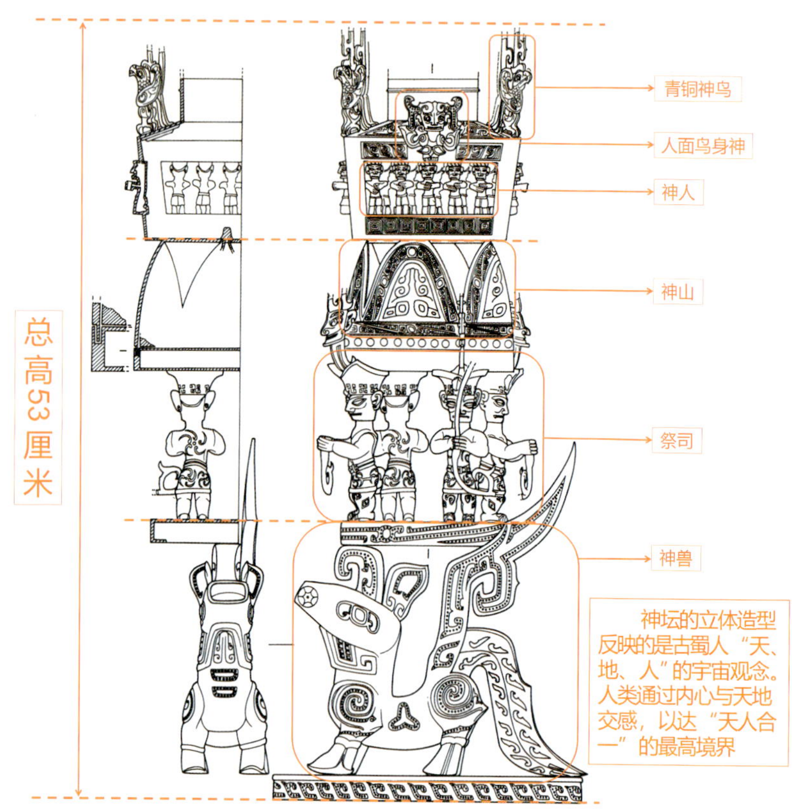

青铜神坛整体复原图（修复后）

（图3-4）

“天人”“神人”，也可以理解为“提挈天地、把握阴阳”的“真人”，“淳德全道、和于阴阳”的“至人”。而方斗形建筑物上所立的“人面鸟身”，所代表的便是经过高度抽象艺术化的、人与鸟结合的产物，即古蜀人崇拜的天之使者——羽人。因此“天”界住着“人面鸟身神”“太阳神鸟”“神人”（图3–5）。

山峰则是通往“天”界的天梯，山峰下四名站立的人像象征着“人”界。四名站立的人像代表着古蜀国巫祭集团的高级祭司，他们与天上的“神人”动作相似，似乎寓意着人神共鸣。祭司们通过特定的动作与“神”沟通，“人面鸟身神”再派遣神鸟出行工作。

四名站立的人像同《山海经》、甲骨卜辞中记载的“四风之神”有着相同的工作性质，即掌管着一年四季的变化。传说中的四神描述都与蛇有关，其手里拿着蛇或脚上踩着蛇，主要暗示着太阳周天的运行轨迹为横置或竖置的S形，像弯曲的蛇。四名人像手里拿着的器物又有何意义呢？这一长一短的器物，短的器物向下的部分为两钩分叉状；长的器物的下端弯曲呈C形。结合三星堆出土的持璋小人像来看，持璋小人像手里的璋分丫开叉的射端是朝上的，对应天；这里的人像手持短器物的下端分叉，指向朝下，很有可能与地有关。古代的祭司们不仅是《黄帝内经》所讲的处天地之和、从八风之理的圣贤之人，而且掌管“二分”“二至”，能观天象以授农时。那么，他们手握的向下器物理应与农业生产紧密相关。传说三皇五帝时期的神农砍削树木做成犁头，改造木材做成犁柄，以便耕种和除草。古人把这种能耕地翻土的农具称为“耒耜”。可见较短的器物是古代民间耕地翻土的农具——耒耜。耒是耒耜的柄，

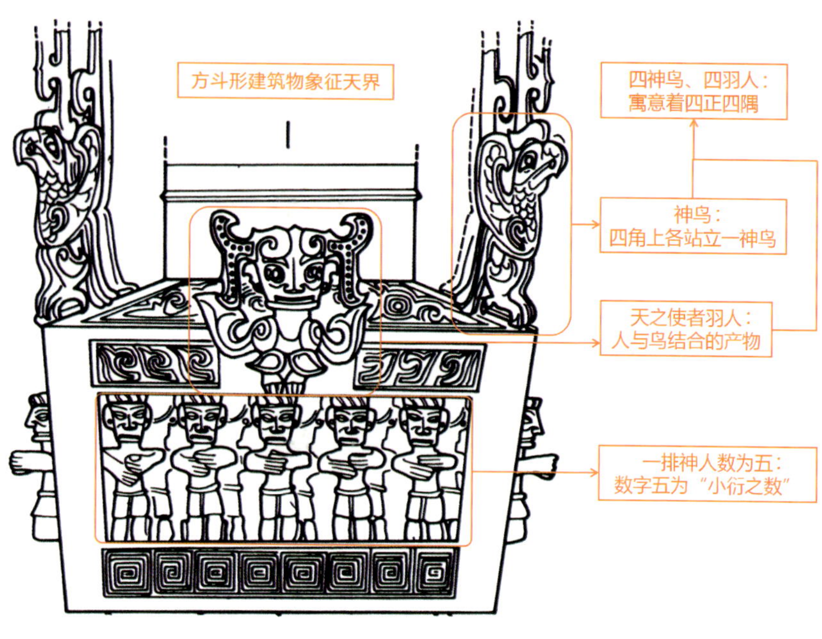

青铜神坛顶部构件图

（图3–5）

耜是耒耜下端的起土部分。至于较长的器物，其形似卷曲的龙形杖。在古人眼里龙既能兴云布雨，又能背负太阳在天空运行。结合当时的农业祭祀活动推测，这件器物是龙首形法器（图3–6）。

四名人像脚踩圆形底座——大地。大地的下面是一正一反呈顺时针站立的两头神兽，代表“地”界。在数千年前，古蜀人极有可能认为是两头神兽推动着地球旋转，导致昼夜交替从而诞生出世间万物。两头神兽其顺时针旋转的造型象征着世间万物生生不息、周而复始。这种“生生不息、周而复始”的思想在五行相生里也同样有所体现，即木生火，火生土，土生金，金生水，水生木（图3–7）。

神兽的造型怪异，猪鼻、狗耳、马蹄、鹰眼、刀片状羽翼开叉分为上下两部分，集多种动物特征于一体，体现了古蜀人丰富的想象力。细看神兽的腿部区域，左腿纹饰从内向外呈逆时针方向旋转，右腿纹饰从内向外呈顺时针方向旋转，其纹饰反映出古老的阴阳思维，如果从不同的角度来看这种正反结合的旋转纹，会有不同的意象体会。此纹在地面上为“水涡”纹，古人择水而居，对水有深厚的感情。上古有知道之人，通过长时间对水的观察，发现水的变化非常奇妙。水遇热化气、升空成云、住山成泉、汇流成河、奔腾到海，特别是水中形成的漩涡既仿佛把一切东西卷进去，又仿佛把一切东西吐出来。老子的《道德经》对此现象做了高度的概括：“玄之又玄，众妙之门……谷神不死，是谓玄牝。玄牝之门，是谓天地根。”这里的“玄”指的是黑色的、深邃的、充满生命力的事物，而“牝”指代的是母体生殖，“玄牝”即始生天地万物的根本“门户”。所以这种“玄牝”在地上的表现形式为“水涡”纹，而

精通阴阳五行之道的“乾坤”大祭司
祈求风调雨顺，国泰民安
抽象化的鱼纹
五翼太阳轮
短器物农具耒耜
长器物龙首形法器
太阳运行轨迹，是不是很像佛教的卍字符？
四翼太阳轮
是不是很像红山文化的玉龙？

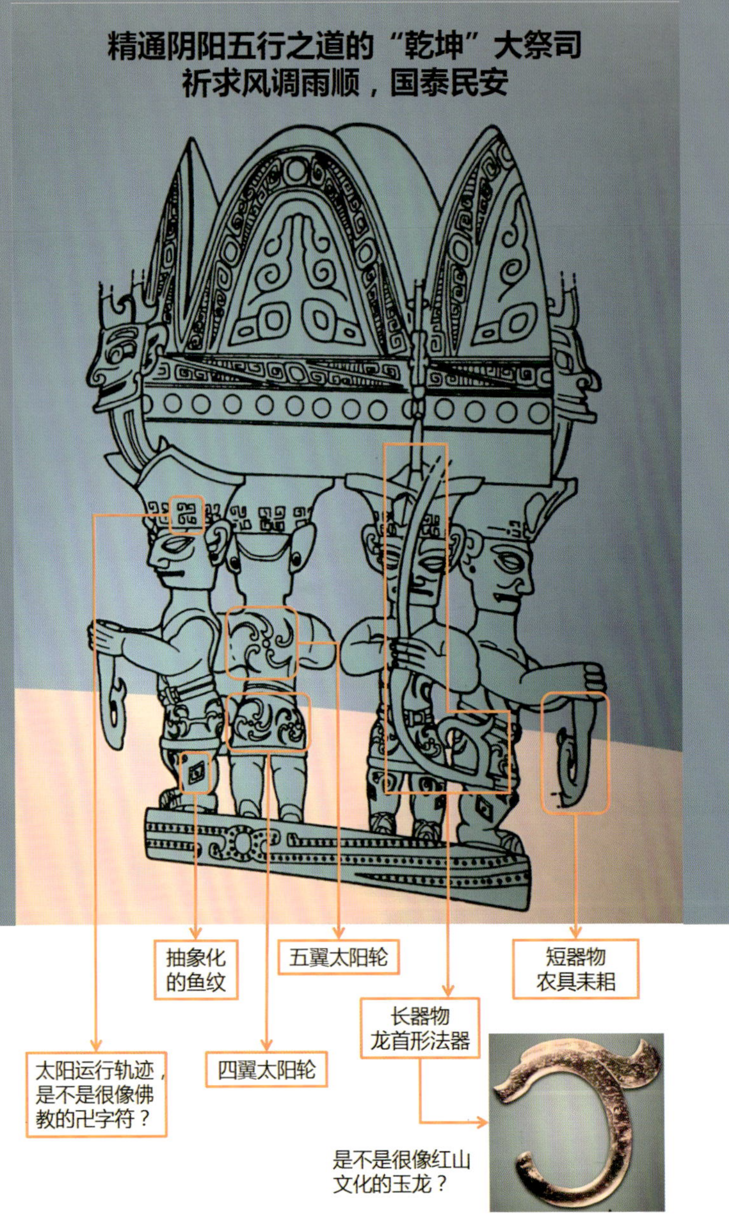

（图3-6）

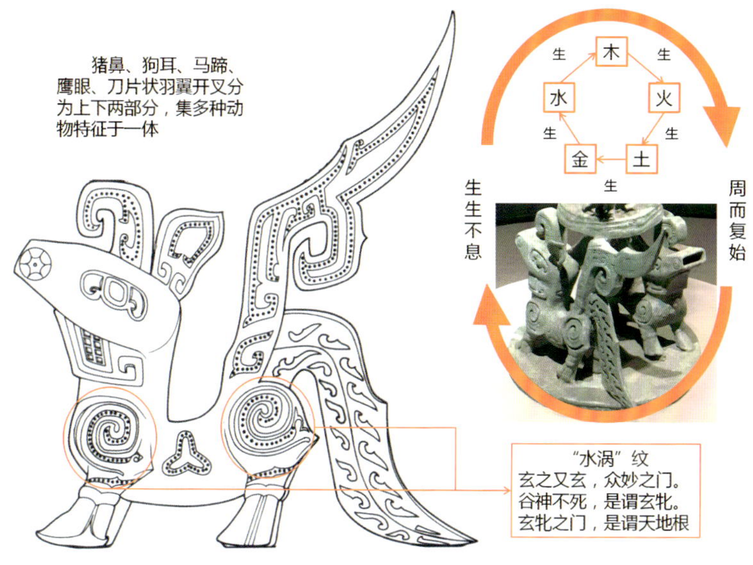
猪鼻、狗耳、马蹄、鹰眼、刀片状羽翼开叉分为上下两部分，集多种动物特征于一体
木
火
土
金
水
生
生
生
生
生
生生不息
周而复始
“水涡”纹
玄之又玄，众妙之门。
谷神不死，是谓玄牝。
玄牝之门，是谓天地根

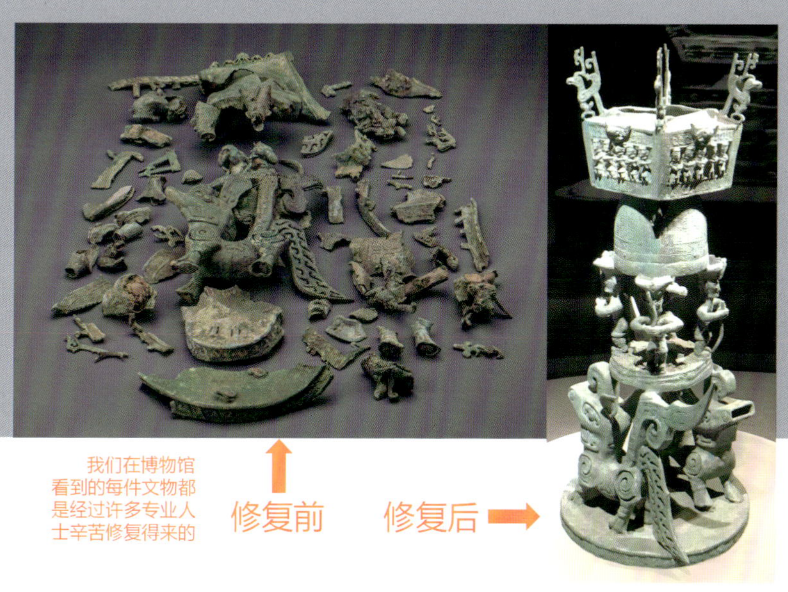
我们在博物馆看到的每件文物都是经过许多专业人士辛苦修复得来的
修复前
修复后

（图3–7）

在天上的显现则为“河图”。正如《周易·系辞》记载：“在天成象，在地成形，变化见矣。”

青铜神坛的造型是古蜀人对三界认识的写照，山峰之上住着“神”，山峰之下、大地之上住着人，大地之下住着“神兽”。古蜀的高级祭司们正通过特定的祭祀动作，向苍天里住的“神”与大地里住的“神兽”祷告，祈求苍天、大地的庇护。至此，神坛的文化内涵已经非常清晰了：上层的神殿建筑物体现了“形而上的道”，下层的神兽表现的是“形而下的器”，中间的站立人像为“形而中的心”。人在天地间承上启下，是阴阳的结合体，人类通过内心与天地交感，以达“天人合一”的最高境界。

人界的『乾坤』大祭司

“天行健，君子以自强不息；地势坤，君子以厚德载物。”这两句出自《周易》乾坤两卦的《象传》。太阳在天上日夜不息地运转，燃烧自己，照耀万物，燃烧为消耗，意味着逐渐走向死亡，为“逆”。而人类生活在地球上，接受阳光的照耀，充满生机活力，顺势而为，为“顺”。从“顺生逆死”的角度来看，“顺生”的人类能在天地中获取自身生存所需的物质，是因为太阳在做损己利万物的“逆死”。我们对大自然应心存敬畏之心，不能无节制地索取，而应当学习天地这种有大德的奉献精神，懂得利他就是利己的原理，爱护我们赖以生存的地球，与自然和谐相处。而在遥远的古代，古蜀国的“乾坤”大祭司就已经通过对太阳周天运行轨迹的观察，确定天文历法，并对这一自然规律加以利用，以此来治国安邦、富民强国，这体现出古蜀人民敬畏天地、顺天而生的生存观。

从三星堆出土的大量陶制酒器中不难看出，古蜀国的农业已经非常发达。农业的发展是需要精耕细作的，而保持精耕细作的农业生产方式则需要有“观天象授农时”的能力提供技术层面的支撑——古蜀国的“乾坤”大祭司就具备这样的能力，这在“乾坤”大祭司头戴冠帽上的图案中有所体现。图案有两种：一种是上下平行的呈横置状的S形纹，另一种是两S形纹呈中央交午，其形与后世佛教的卍字符相似（图3-8）。这种S形纹在小神树的穹隆形底座的表面也有出现，学者们大多认为这是一种云气纹。从祭祀的角度来看，S形纹可能来源于蛇纹。在十二地支中巳为蛇，祭祀即祭蛇。蛇又为小龙，在西汉马王堆的帛画上可见飞龙上托起九个太阳，最大的一个太阳化身为金乌，在天空中飞翔。这样的画面，实际要表达的是太阳在天空中运行的轨迹为S形曲线。而美洲玛雅文明崇拜的是羽蛇神，在当地的春分、秋分时，太阳光芒照耀到金字塔上，在塔面的阶梯缝隙处，会形成一束弯曲的阴影，好似一条蛇在上面爬行。按这样的观点来看，“乾坤”大祭司冠帽上的纹饰是代表太阳周天运行规律的曲线图。春分、秋分时，太阳从正东升起，正西降落，昼夜平分。夏至太阳直射北回归线，北半球昼长夜短。冬至太阳直射南回归线，北半球昼短夜长。两S形纹饰中心交午的图案即春分、秋分与夏至、冬至的太阳运行轨迹相交图（图3-9、图3-10）。而另一幅图案中上部分的水平横置S形纹起点为东南方，终点为西南方。这部分曲线的主要含义为太阳在冬至时的周天运行轨迹——太阳从东南升起，从西南落下，昼短夜长。与上部分曲线平行的下部分横置S形纹起点为东北方，终点为西北方。其寓意为太阳在夏至时的周天运行轨迹——太阳从东北方升起，从西北方降落，昼长夜短。“乾坤”大祭司们通过对太阳运行轨迹的观测，掌握四时阴阳变化的规律，从而引导民众生产劳作，为本族繁荣发展提供保障。

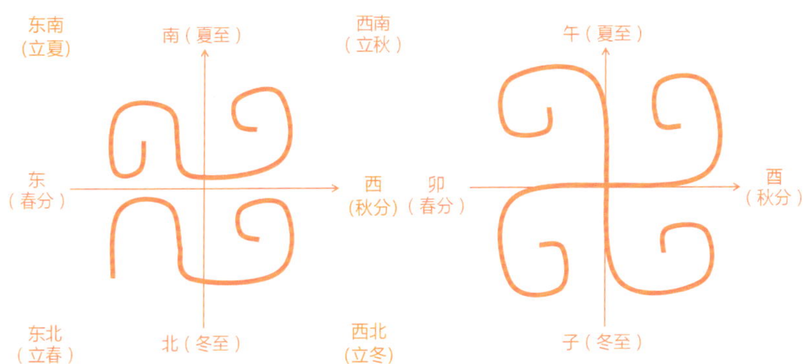

上曲线代表：秋分—冬至—春分太阳周天运行轨迹从东南方升起，西南方落下（昼短夜长）

下曲线代表：春分—夏至—秋分太阳周天运行轨迹从东北方升起，西北方落下（昼长夜短）

子午（二至）、卯酉（二分）交午曲线图，反映出四时八节八卦太阳历

（图3–8）

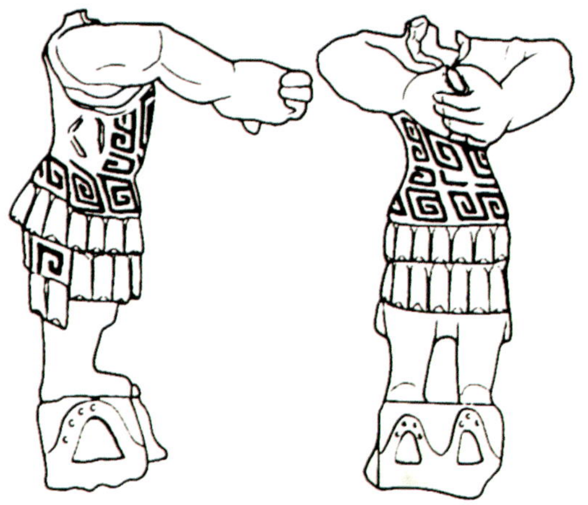

水平横置的S形曲线代表卯酉纬线，从节气来看，寓意着二分（春分、秋分），此人像双手抱握放在胸口的正前方，寓意着“允执厥中”，昼夜平分。人像脚踏山形底座，主要说明古蜀祭司通过大山对太阳周天运行进行观测，以此来“正历”，此种方法为“大山纪历”

（图3-9）

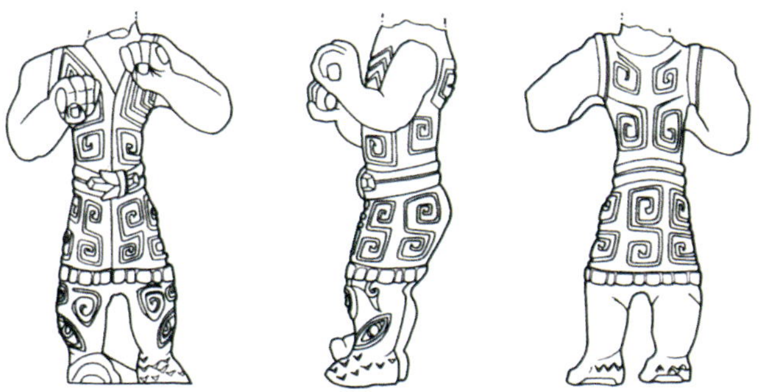

上下竖立的S形曲线代表子午经线，从节气来看，寓意着二至（冬至、夏至）

（图3-10）

“乾坤”大祭司的后背与臀部有明显的火焰纹（图3–11）。后背的火焰纹有一个，为五羽翼太阳轮，而臀部的火焰纹有两个，为四羽翼太阳轮。从金沙遗址出土的太阳金箔鸟形饰可以看到，金沙太阳神鸟上的四只三足金乌相互追逐，做逆时针圆周运动（图3–12）。羽翼太阳轮与太阳金箔鸟形饰具有相同的含义，即逆时针的五羽翼与四羽翼均象征太阳在发光发热。五羽翼与四羽翼又有何不同呢？在十月太阳历法中，一年按照五行属性划分，木、火、土、金、水各代表两个月，即每月36天，一种五行元素代表72天，因此五羽翼同时蕴含着五行的概念。这与“天界”的五名“神人”对应，体现出祭祀其实是五行信息的交流。“天一生水，地六成之……天五生土，地十成之。”通过河图可知：阳极盛于南，夏也，2、4、6、8左旋依次由初微、渐盛、极盛、渐衰，至消于东外；阴极盛于北，冬也，1、3、7、9左旋依次由初微、渐盛、极盛、渐衰，至消于西外（图3–13）。四羽翼则代表春、夏、秋、冬四个季节，两个逆时针四翼太阳轮则代表四时八节，即八角星纹的另一种表现形式，称为八卦太阳历。这些图像都反映出古蜀人对太阳的崇拜。

另外，还能看到“乾坤”大祭司的脚上绘有菱形的图案（图3–14）。对于人像腿部的菱形纹，普遍观点认为这是代表眼睛的造型。如果结合半坡遗址出土的大量陶器表面的鱼纹来看，这种菱形纹实际上是抽象化的鱼纹。鱼的特点是繁殖能力强，对于三千年前的古蜀人来讲，本族人的繁衍生息一定是放在第一位的，所以“乾坤”大祭司把代表鱼纹的图案绘在腿足

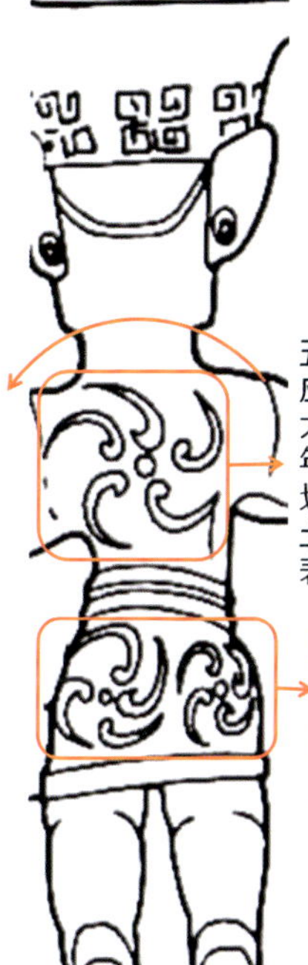

（图3-11）

太阳神鸟金饰上四只三足金乌做逆时针圆周运动。“顺生逆死”，逆时针运动象征太阳不断燃烧，消耗自己

（图3-12）

奇盛而出于南外
偶生于南内
偶极盛于东外而终
奇长于东内
偶长于西内
奇极盛于西外而终
奇生于北内
偶盛而出于北外

（图3-13）

火水未济卦，
寓意事物向
前发展
离
坎
五翼太阳轮
四翼太阳轮
太阳为火
对应离卦
菱形眼纹饰，
抽象化的鱼纹
鱼为水
对应坎卦

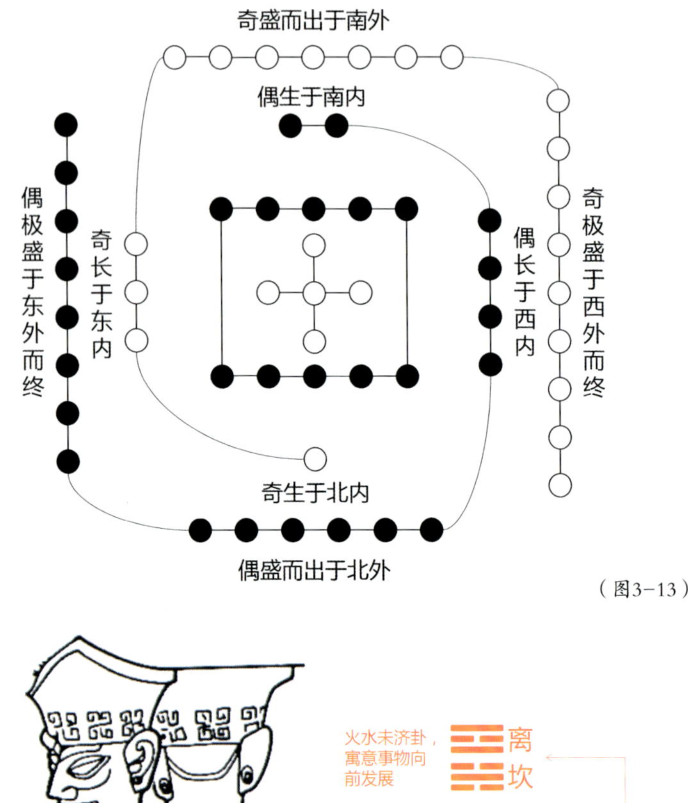

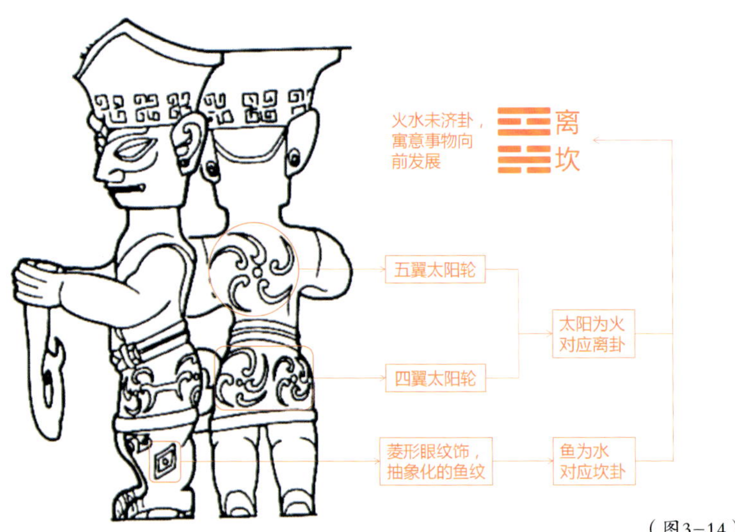

（图3-14）

间，寓意本族人丁兴旺。同时，鱼又生活在水里，水是“生命之源”，该菱形纹有用鱼来代表水的含义。

太阳轮与鱼纹同时出现在“乾坤”大祭司身上，从易卦的角度来看：太阳为火，对应离卦；鱼为水，对应坎卦。火炎上，水润下，即火水未济卦，寓意事物向前发展。“乾坤”大祭司身上的太阳轮与脚上的菱形鱼纹，寓意着他们精通阴阳五行之道，在“天人合一”的最高境界下，通过阴阳五行与天地自然沟通。而达成“天人合一”这一境界则是因为“乾坤”大祭司效法“天行健，地势坤”，达到君子“自强不息，厚德载物”，从而与天地沟通，祈求风调雨顺，国泰民安。

青铜大立人像

群巫之长——

青铜大立人像是目前已知的殷商时代最大的单件青铜人像，通高2.62米，底座高90厘米，人像高172厘米。底座由座基、座腿、座台面三部分构成。最底层的座基呈梯形，似乎要表现的是一个祭台的形象。中层的座腿造型整体像是一只怪兽，它耳朵高耸，眼睛像鹰眼且左右对称，鹰眼下的镂空支架呈“几”字形，与神树的穹隆形底座如出一辙。学者认为这种神兽造型为风的意象。传说中的“四风之神”有迹可循。鸟的神化状态即为凤，凤的古音通风，自然界四风的由来是太阳的周天运转形成的春、夏、秋、冬，体现了上古时期的太阳崇拜。上层座台面的四侧面均刻有云雷纹和日晕纹。座基、座腿、座台面层层相叠，意象表达为“昆仑丘”。大立人矗立在“昆仑丘”之上，不仅显得格外高大威严，而且更透露出其在古蜀国政教合一的体制下尊贵的地位（图3–15）。

虽然大立人像的身材显得非常消瘦，但人像的双手却非常硕大，两只手一高一低呈抱握状。关于大立人像为何这般造型，目前存在着不同观点，有的学者认为人像手里拿着东西，有的学者说这是一种特定的手势。至于人像手里拿着什么东西，有学者认为是象牙，因为大立人像与象牙埋在同一个祭祀坑，双手有弧度，与象牙的形态比较吻合；也有学者认为其手里握着玉琮，象征着祭祀天地，因为玉琮内圆外方、中空，象征天圆地方；还有观点认为大立人像手握的东西可能是一条蛇（图3–16）。

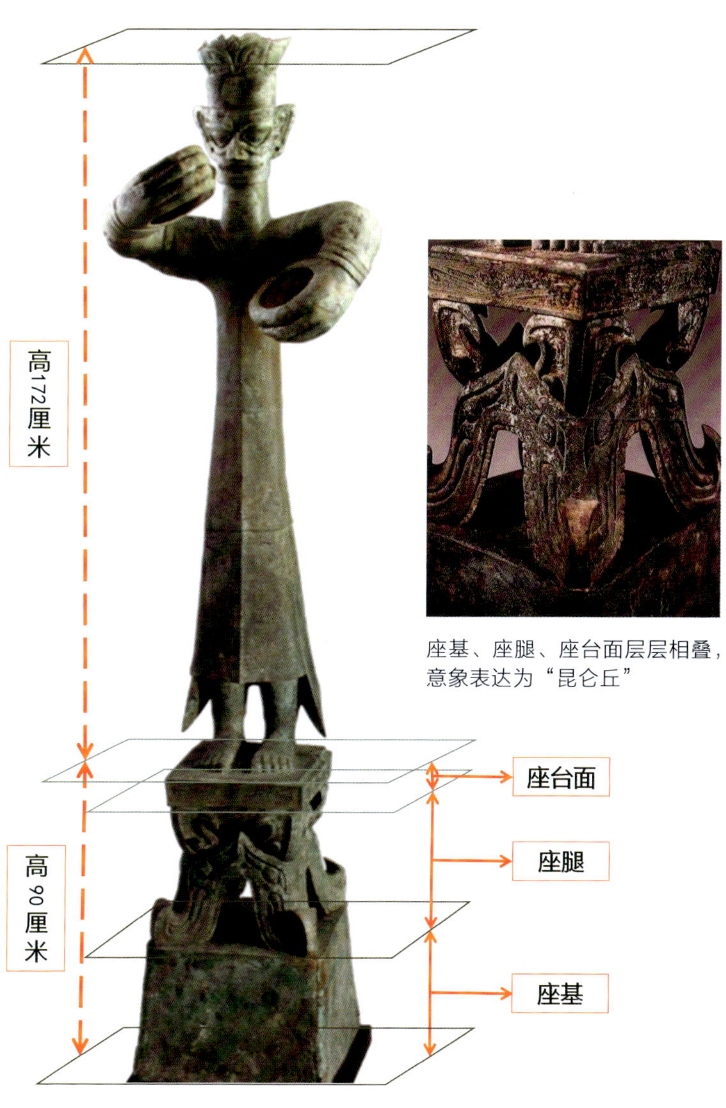

座基、座腿、座台面层层相叠，意象表达为“昆仑丘”

青铜大立人像

（图3-15）

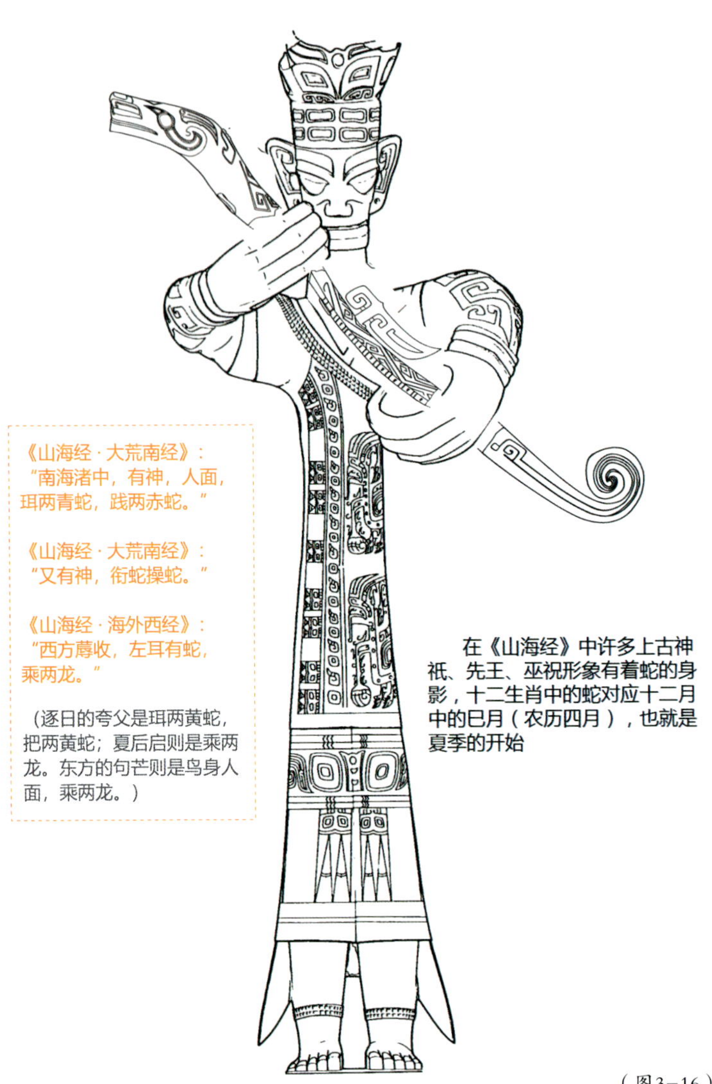

（图3–16）

假想图：手握青铜蛇的大立人像

大立人赤脚站立在方形的祭坛之上，头戴高冠，脚戴足镯，两眼平视前方，此用意在于他可以吸天地之灵气、日月之精华。这位大立人的穿着也大有讲究，华丽的服装分为三层，每一层上面都有精美的图案。如此华丽的服装不应是平时起居所穿，而应是在重大的仪式中的特定装束（图3–17）。有学者据此认为大立人所穿服饰很有可能是古代帝王在祭天仪式中所穿的特制礼服——“衮服”。《尚书·益稷》记载：“予欲观古人之象，日、月、星辰、山、龙、华虫，作会（绘）……以五采彰施于五色作服。”相比《尚书》的这段记载，大立人所穿礼服上并没有出现“十二章纹”的图案，反倒是龙的形象体现得非常明显。龙的整体造型与大神树上的龙颇为相似，神龙头长有一长一短两犄角，眼睛似鹰，张着大嘴巴对着侧面的卷云纹，似乎正在兴云布雨。此龙有刀状羽翼，向上做展翅飞翔状，巨大的龙爪似人的双手下垂，其下的纹饰有巨大的旋目纹，旋目纹正中的图案，类似于青铜兽面具鼻子到额头正上方高高耸立的璋形饰件。旋目纹的两侧为卷云纹，其下又出现了四只蝉的形象，相比上衣的蝉纹，下衣蝉纹的整体形象显得更加修长。云纹的另一侧出现的图案为“蝉纹”，云行雨施，好似蝉正在吸吮雨露。

显然，服装纹饰的两个重要元素是龙和蝉。对龙的崇拜在古蜀国的很多器物上都有体现，但从目前出土的器物来看，对蝉的崇拜实属罕见。古人对蝉的崇拜源于上古时期的宇宙生命观念，人们通过长期的自然观察，发现蝉是一种神奇的虫子。在古人眼中，首先，蝉靠吸吮雨露为生，雨露古称“玄水”“无根水”，专门用于神圣的祭祀活动。其次，蝉能脱壳之后重生，此为“金蝉脱壳”，

青铜大立人服饰上的图纹 （图3-17）

意味着“复育”。《西游记》中，唐僧被称为“金蝉子”，寓意转世轮回。在中国传统文化中，蝉象征着神圣、高洁、餐风饮露、一鸣惊人。古代的文人雅士们对蝉的评价很高，曹植写《蝉赋》对蝉进行了高度赞扬。《唐诗别裁》记载：“咏蝉者每咏其声，此独尊其品格。”夏季万物茁壮成长，华夏者道蝉，一片欣欣向荣之象。夏季主火，火主礼。夏者，礼仪之大也。

大立人服饰上的蝉纹如此明显，或许想要表达的是：穿着蝉衣就是生命蜕变的象征，在普通人的眼里，大立人已经超越了生死。这样的蝉纹与龙纹搭配在一起，俨然成为神圣的标识。披上法衣的大立人，一定是一个法术高超、能够呼风唤雨的大祭司。神龙和神蝉同时出现在这么重要的礼服上，玄机暗藏其中。这反映出一个重要的时节，那就是盛夏之季。这条龙与大神树上的盘龙最大的不同在于：大神树上的盘龙为从天而降，而服饰上的龙正逢盛夏之时，张开大嘴正对着卷云，所谓“龙吟生云”“积云成雨”。一条是金秋时节，完成工作准备返回龙宫的“亢龙有悔”（乾卦上九爻，对应夏历九月、十月）的龙；另一条是腾云驾雾、兴云布雨的“跃龙”（乾卦九四爻，对应夏历五月、六月）。

让我们穿越回到三千年前，眼前的景象是这样的：大立人作为古蜀国的大祭司，在特定的时节——夏至，高居庄严的神坛之上，头戴绘有太阳纹的华丽法帽，身披龙袍，光脚站立，以身体通天达地，硕大的双手做着施法的手势，四周围绕着他的是其他巫祭成员，众巫在他的带领下为古蜀国祈求风调雨顺、国泰民安。在这一刻，他不仅是古蜀国的最高统治者，也是一位主持大祭祀的宗庙领袖，更是神的化身！

统领天地人三才的象征——

三星堆遗址的一号祭祀坑出土了大量的金器，其中最具古蜀神韵的器物非金杖莫属。金杖的长度达142厘米，重量约463克，直径约2.3厘米，含金量高达90%（图3–18）。从杖内碳化的木渣来看，推测是把金条捶拓成金皮后，里面再包裹着木棍，这是目前已知的商周时期最大的一件金器。在金杖的一端，有一段长度达46厘米的图案。图案由三部分组成，其中两部分的纹饰相同，为两鱼两背相对，两鸟两头相对，两只箭状物贯穿了鸟身和鱼头；另一部分图案为并排的两个人头像，人像戴着耳坠，张着嘴巴，头戴五齿状的冠帽，从面部特征来看，显得精神抖擞、神采飞扬（图3–19）。

金杖

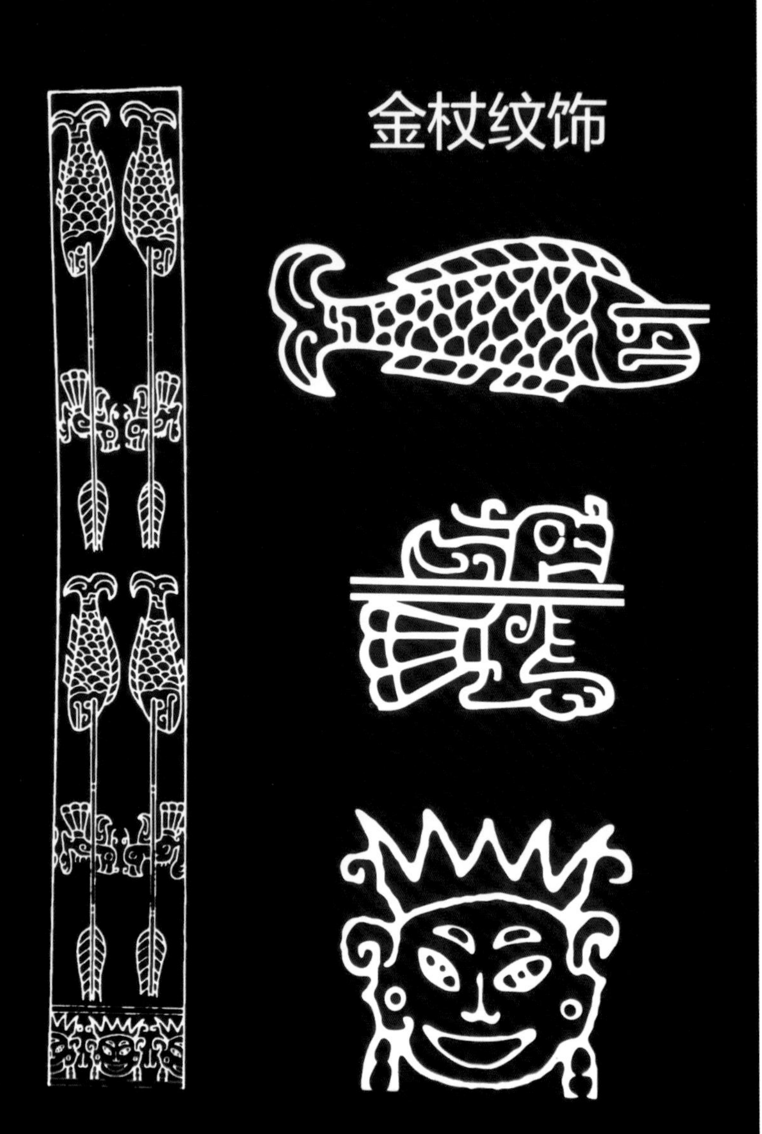

（图3-19）

祭祀重器青铜神树上的九只立鸟体现了古蜀国的鸟崇拜，而金杖表面的鸟纹图案，表现形式上与大神树的神鸟姿态相似，均为圆目钩喙，双翅竖起，爪有三趾，做展翅向上腾飞状。这种神鸟就是神话传说中的三足金乌，它是我国神话故事“金乌负日”的主角。“金乌负日”的故事在考古资料中也屡有发现，河姆渡文化骨匕和牙雕器上的双鸟太阳纹，是迄今发现年代最早的“双鸟负日”资料。《淮南子·精神训》记载：“日中有踆乌。”高诱注：“踆，犹蹲也，即三足乌。”《论衡·说日》记载：“日中有三足乌。”这是说太阳的周天运行是由金乌背负来完成的，以金乌背日衬托出太阳的高贵，实际上反映出古人对太阳的崇拜。古人将太阳当作天的代表，从乾卦的角度解读，“金乌负日”是一种“天行健，君子以自强不息”的精神体现。

再来看鱼，鱼是一种生活在水里的动物，母系氏族时期的半坡遗址的陶器表面绘有大量的鱼纹，而半坡的鱼纹大多出现在盛水的器皿上。三星堆金杖上的鱼纹，体态丰肥，鱼身的鳞片清晰可见，这里的鱼纹与其他青铜器物上的几何菱形鱼纹不同，完全采用了自然写实手法。唐李鼎祚《周易集解·剥》引何妥注：“鱼为阴物。”同时，鱼的繁殖能力强，暗喻母阴，母阴有着大地孕育万物的属性，从坤卦的角度解读，象征母系的鱼纹是一种“地势坤，君子以厚德载物”的精神体现。

鱼的头部和鸟的颈部被两支箭状物贯穿相连，一般认为：此箭状物为穗形，是古蜀国高度发达的农耕文明的象征。鱼鸟图案下方有两个并列的人头像，笑容可掬，头戴的五齿高冠格外显眼。一般认为：此处的人头像为古蜀国巫祭集团高级祭司的象征。金杖表面的鱼、鸟纹饰被穗形物连接，意象表达为“鱼凫”，即一个鸟崇拜的部族与另一个鱼崇拜的部族通过农业紧密地联系在一起，两个人头像则分别代表两个部落的最高祭司。三组图案结合起来可以解读为：金杖是古蜀世系表中第三代蜀王“鱼凫”时期最高权力的象征，而拥有至高权势的大祭司须具有自强不息、厚德载物的崇高品质（图3–20）。

如果我们再仔细观察金杖上的三组图案，会发现一个有趣的现象：三组图案中有两幅是重复的，用其中一幅的两鱼、两鸟图案加上另一组图案中的两人相合得六。宇代表空间，天地四方又称作六宇。这里的图像个数六有着空间的含义，鱼生活的空间为地，鸟生活的空间为天，人生活在天地间。如果再把另一组相同的鱼鸟图案放进来，三组图案中两组完全一样，结合起来为四条鱼、四只鸟、两个人。四鸟、四鱼、两人构成了数字十，两人头戴五齿状高冠，相合也为十，十为河图之数理，象征着宇宙万事万物生生不息、周而复始。数起于

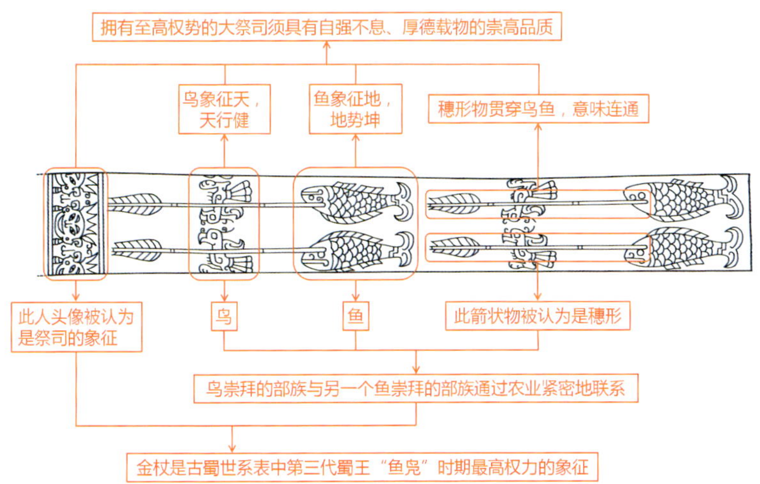

金杖表面的图案（图3-20）

一、立于三、成于五，即“无三不成礼”。鱼属阴为地，鸟属阳为天，人在天地间，三组图案有机地组合在一起也暗藏“天、地、人”三界的宇宙观念。

可以说，金杖是古蜀国至高无上的兼具神权和王权的重要象征，谁拥有了金杖，谁就是古蜀国“天、地、人”三界的最高统治者。

巫舞通天

青铜兽首冠人面像残高40厘米，出土时仅存上半身。此人像与大立人像的造型相同，双手同样呈抱握状平举于胸前，与大立人像手型的区别在于，其右手的小手指类似于“兰花指”向上翘起。另外，人像所戴的冠帽与大立人像的“莲花状高冠”相比较，也显得与众不同。冠帽由两部分构成：下部似一头怪兽张着大口，口两边有小圆孔，不排除是用于安装一些装饰或附件的。怪兽口部两侧有对称的太阳纹饰，生动形象地反映出古蜀人的太阳崇拜。冠帽上部的造型似一只神鸟踩在怪兽的头部上方，展开羽翼昂首站立。“神鸟”为飞禽，能上天；“怪兽”为走兽，能入地。“上天入地”的混搭组合好像是在说明，戴上这种冠帽的巫祝通晓天地阴阳之道，有着“化腐朽为神奇”的力量（图3–21）。

《说文解字》记载:“巫，祝也。女能事无形，以舞降神者也。”原始的祭祀活动离不开音乐、舞蹈和参与祭祀活动的“人”（巫）。换句话说，在祭祀活动中，巫祝穿着具有特定宗教含义的法服，戴着彰显神力的怪异动物形象的冠帽，手里拿着一些做法的器具，通过“手舞足蹈”的形式，以达到和神灵沟通的目的。这里的“舞”指的是示神的动作。《吕氏春秋·古乐》记载：“昔葛天氏之乐，三人操牛尾，投足以歌八阕。”从《吕氏春秋·古乐》的记载中不难看出，巫师们跳舞的时候，手里拿着牛尾巴，象征着耕作，以此祈求神灵的保佑而获得农业丰收（图3–22）。

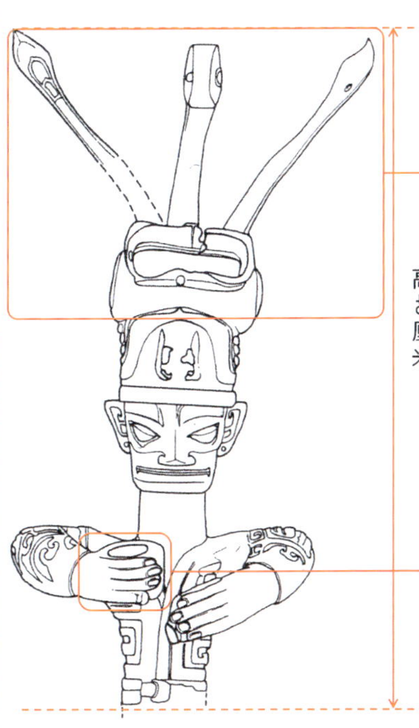

冠帽上部的造型似一只神鸟踩在怪兽的头部上方，展开羽翼昂首站立。“神鸟”为飞禽，能上天，“怪兽”为走兽，能入地。“上天入地”寓意祭司通晓天地阴阳之道，有着“化腐朽为神奇”的力量

高40厘米

玉琮

从线描图看，右手所握之物疑为“玉琮”

（图3-21）

那么这里的神指的是什么呢？《孟子·尽心下》对神的解读为："可欲之谓善，有诸己之谓信，充实之谓美，充实而有光辉之谓大，大而化之之谓圣，圣而不可知之之谓神。"《五行大义》中对神的解释为："灵智无方。隐显不测。"结合上述对"神"字的解读，用一宗教用语来高度概括神的特点，即"神，无所在，无所不在"。至于这个"无"，庞朴先生在中国人民大学国学论坛所讲的"谈玄说无"对其有三种解释：一是从有的角度讲，相对于"有"来说"无"，失去原来有的东西就是无；二是绝对的"无"，什么都没有；三是介于"有"与"无"之间的无，不是没有而是我们肉眼未观察到，需要自己去感悟。"神的无处不在"更多的指第三种意思，是一种存在但是却看不见的，从易学角度讲就是阴阳之道。

对于青铜兽首冠人像，从人像的服饰、冠帽造型及手势不难看出，其形象为古蜀国的跳舞者——巫。双手呈抱握状置于胸前，为一种特定的祭祀手势，即跳舞的动作。一只手为五根手指头，"五"为小衍之数，意为把"五"牢牢抓在自己手中。左手为阳，右手为阴，双手抱握，此乃"提挈天地、把握阴阳"之象。远古的人类在捕猎、播种等重要的生产活动中都会举行祭祀仪式，祭祀的目的就是同"神灵"沟通交流，表达对"神灵"的敬畏。

"巫""舞""无"三字组成了古蜀人祭祀的场景。古蜀的"巫"祭们已经掌握了阴阳五行之道，通过"舞"的形式，来和"神（无）"互通。巫舞通无，无中生有，体现了古蜀人对自然的感悟与敬仰（图3–23）。

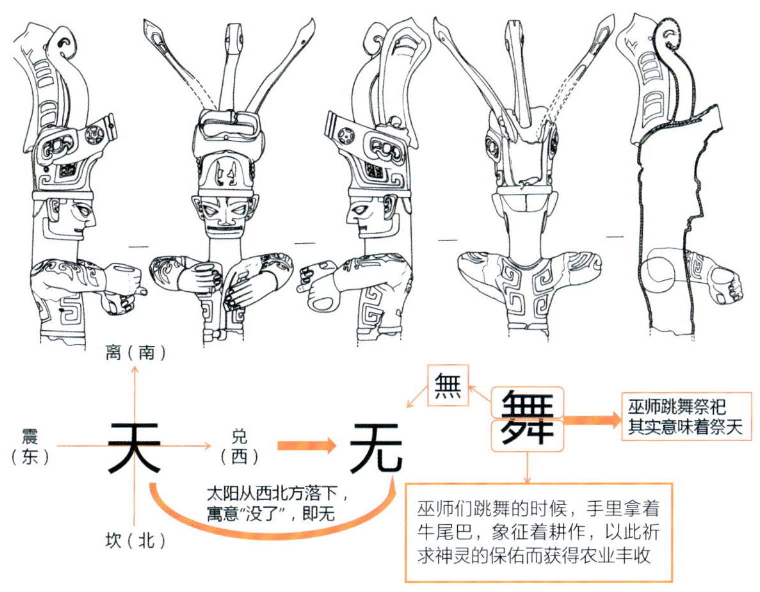
离（南）
震（东）
天
兑（西）
坎（北）
无
太阳从西北方落下，寓意"没了"，即无
無
舞
舞
巫师跳舞祭祀其实意味着祭天
巫师们跳舞的时候，手里拿着牛尾巴，象征着耕作，以此祈求神灵的保佑而获得农业丰收

（图3-22）

甲骨卜辞中的"舞"字
小篆中的"巫"字
楷书中的"巫"字

（图3-23）

YISHU ZHUZAO

艺术铸造

《山海经》中描述的“都广之野”

《山海经》是先秦古籍，也是一部富于神话传说的最古老的地理书。它主要记述古代地理、物产、神话、巫术、宗教等，也包括古史、医药、民俗、民族等方面的内容。《山海经·海内经》里面有一段专门描述了传说中的世外桃源、人间天堂：“西南黑水之间，有都广之野，后稷葬焉。爰有膏菽、膏稻、膏黍、膏稷，百谷自生，冬夏播琴。鸾鸟自歌，凤鸟自儛，灵寿实华，草木所聚。爰有百兽，相群爰处。此草也，冬夏不死。”《山海经·海内经》里的这段话描述了在西南方黑水流经的地方，有一处叫都广之野，后稷就埋葬在这里。这里出产膏菽、膏稻、膏黍、膏稷，各种谷物自然成长，冬夏都能播种。鸾鸟自由自在地歌唱，凤鸟自由自在地舞蹈，灵寿树开花结果，丛草树林茂盛。这里还有各种禽鸟野兽，群居相处。在这个地方生长的草，无论寒冬炎夏都不会枯死。大多数学者通过对《山海经》的系统研究，认为传说中的“都广之野”实际上是指成都平原，这也是三星堆古蜀国所在地。三星堆出土的大量陶器制品反映出古蜀先民的生产力已经达到较高的水平，随着社会分工体系的不断完善，古蜀社会跨入早期文明的序列。

陶器是用黏土或陶土经捏制成形后在800～1000℃高温下焙烧而成的物品，坯体不透明，有微孔，具有吸水性强的特点。陶器历史悠久，在考古发现的众多新石器时代遗址中都有它的踪影。可以说，陶器的发明是人类最早利用化学变化改变天然性质的开端，是人类社会由旧石器时代发展到新石器时代的标志之一。三星堆遗址出土了大量的陶器，时间跨度为考古文化分期序列中的一至四期。一期文化陶器类型主要以小型的圈足器和宽沿平底器为代表（图4–1）。二、三期文化对应古蜀国的鼎盛时期，这一时期的陶器代表主要有小平底罐、高柄豆、三足炊器、鸟头把勺；这些富有古蜀当地特色的陶器不同于中原同一时期的陶器鼎、鬲、甗等常见的炊食器；因此二、三期文化的典型陶器被称为蜀地陶器的基本组合。四期文化的陶器以尖底器为代表（图4–2）。其实，早在母系氏族时期的半坡遗址就出土了大量的尖底器，学者们认为半坡遗址这种尖底器的设计头重脚轻，主要便于取水。而三星堆遗址出土的尖底器可能是为了让古人席地而坐更方便，直接在地上挖洞把尖底放进土里以增强稳定性。

三星堆大量的尖底陶器与成都金沙遗址、十二桥遗址出土的尖底器具有相似的文化特征和面貌，应当是同一古蜀文化的延续和传承。三星堆遗址出土的这些陶器取材容易、制作简便、可塑性强，陶质大多为夹砂灰陶和褐陶。考古人员通过对这些陶器的整理、研究发现，其制陶工艺主要采用轮制法和手制法相结合的方法。所谓

一期文化陶器

陶镂空圈足器
新石器时代晚期
公元前2800—2000年
1986年三星堆第三发掘区出土
Vessel with Openwork and Ring Foot
Pottery
The Late Neolithic Age
2800-2000B.C.
Excavated at No.3 Excavation Area of
Sanxingdui in 1986

（图4-1）

陶小平底罐
Flat-Bottomed Pot
夏代
公元前2000—前1600年
1986年三星堆第三发掘区出土
Pottery
Xia Dynasty
2000 B.C. - 1600 B.C.
Excavated at No.3 Excavation Area of Sanxingdui in 1986
二、三期文化陶器
陶尖底杯
Sharp-Bottomed Cup
商代晚期
公元前1200—前1000年
1984年西泉坎出土
陶尖底罐
Sharp-Bottomed Pot
商代晚期
公元前1200—前1000年
1984年西泉坎出土
四期文化陶器

（图4-2）

轮制法，即把陶泥放在可旋转的轮盘上，用快速提拉的方式直接拉胚成型。《中国陶瓷史》总结的轮制陶器特点包括：器型规整，厚薄均匀，在陶器表里普遍遗有平行密集的轮纹，器底往往遗有线割的偏心涡纹。而手制法是指直接用手来捏造出各种各样的陶器造型。三星堆一些造型各异的陶盖钮应当是古蜀匠人直接用手捏造成型的。学者们通过研究还发现，三星堆遗址的陶器已经采用了泥条盘筑法。泥条盘筑法是人类最古老的陶艺成型方法，无论是黄河流域的彩陶还是埃及尼罗河边的陶罐，都留下了这种制陶方法的痕迹。其主要方法有两种：一种是将泥料制成长条形，以螺旋式的方式由下向上盘筑成器形，同时用陶拍拍打，用手沾水将器内外接缝处抹平；另一种是将泥条圈起，一层层向上堆筑成器形。用这两种方法制成的陶器，内壁往往留有泥条盘筑痕迹。三星堆遗址出土的大量陶高柄豆的豆柄成型便采用了泥条盘筑法。

此外，在遗址内还发现了烧制陶器的原始马蹄形窑址，可见当时的制陶业已经相当发达。

三星堆出土的陶器大多与古蜀人的日常生活有关。例如大型的尖底陶缸、陶罐用于装粮食，直接把尖底埋在土里；陶三足炊器为古代的炊食器，被戏称为“火锅之源”；陶鸟头把勺为舀水的瓢。三足的陶盉为古代的温酒器，三条袋状足是空心的，可增大容量，直接在三足下面点火便可升温加热，这种陶盉在中原文化中比较常见。细长的陶瓶形杯是盛酒器，类似于中原的烧酒瓶，日本清酒瓶的历史或许可追溯到三星堆时期。大量陶制酒具的发现印证了古蜀国的农业已经高度发达（图4–3、图4–4）。

陶三足炊器　陶瓶形杯　陶三足炊器

（图4-3）

陶鸟头勺把（把勺的一部分）　陶高柄豆

（图4-4）

三星堆遗址还出土了大量的象牙，经鉴定为亚洲象的臼齿。古气候环境学研究表明，古代四川的气候温暖潮湿，森林密布，类似于现在东南亚国家的气候；比四川纬度更高的中原地区也生活着很多野象，殷商甲骨卜辞中也有将大象用于军事战争的记载。再结合与三星堆相邻的金沙遗址发现的众多象牙，基本可以判断象牙是本地的产物。从温暖湿润的气候条件还可以推断，古蜀国最早种植的原始农作物为水稻。“方以类聚，物以群分”，南、北方自然环境的巨大差异决定了原始居民因地制宜，种植不同的农作物，而农业的发展同时带动了原始畜牧业的发展。

除了陶制生活品外，三星堆遗址还出土了一批富有艺术气息的动植物造型的陶器。例如，陶鸟头、陶猪头、陶狗头、陶猫头鹰、陶羊头、陶虎等。艺术是生活的升华和提炼，这些活灵活现、栩栩如生的陶制品深刻反映了古蜀人独特的审美情趣。当然这一切都建立在吃饱穿暖、衣食无忧的基础上。饮食、男女是人类社会发展永恒的两大主题，前者是解决人怎么生活的问题，确保生存下来，后者关系到两性需要的问题，关系到人类文明如何传承发展。正所谓“仓廪实而知礼节，衣食足而知荣辱”。透过这些富有时代生活气息的陶器，我们仿佛回到了三千年前古蜀人生活的现场：人与人和睦相处，大家通过辛勤劳作，生产出各种生活必需品，不断充实和丰富自身的生活。可以说，三星堆古蜀国是当之无愧的“都广之野”。

在古代，智慧的人创造器物，心灵手巧的人循其法式，守此职业，世代相传，这叫作“工”。《考工记》出自《周礼》，是我国已知的第一部系统记述官营手工工匠及相关制造工艺的文献。《考工记》中把用泥土制作器具的工匠称为“陶人”。古代的工匠们不但有手艺的传承，而且有着很深的官方背景。当时的统治阶层不仅拥有与天沟通的能力（垄断天文历法），同样还拥有制作各种生活用品和祭祀礼器的工匠团队（垄断人才和技术）。

按照这样的思路不难理解，三星堆古蜀国的制陶工匠与青铜器、玉器工匠应当同属官方管辖的各手工业部门。《周易·系辞》上说：“以制器者尚其象。”陶人们制作的这些质朴的陶器，除了大部分用于生活的器具，还有少量的带有刻符的陶器。或许与用于祭祀的青铜尊一样，这些陶器同样遵循“法天地宜”的法则。本篇将以三星堆出土的陶器表面的刻符作为研究对象，深入解读陶符背后所蕴藏的文化内涵。

四大古文明中，两河流域苏美尔人发明的楔形文字历史最为悠久，我国已知最早的文字是殷商时代的甲骨文。作为“都广之野”的三星堆古蜀国，目前没有发现类似于甲骨文的文字，考古学家们只是在陶器表面发现了一些几何图案状的符号。其实在黄河流域和长江中下游流域发现的新石器时代遗址中，一些出土的陶器表面多有这样的刻画符号。这些相似的符号在跨时空范围内重复出现，说明这些符号很可能已经具有特殊的含义，因日常生活的需要，从而被不同地区的人们认可和使用。一些学者据此推断，早期的陶符应当是文字的雏形，可称其为“陶文”。《说文解字》记载：“盖依类象形，故谓之文；其后形声相益，即谓之字。”目前已知最早的甲骨文为象形文字，按许慎的解读，象形文字必须具备两个要素：一是“形”，二是“声”。“形”是指自然界动植物和自然现象的形态，可谓大千世界，包罗万象。“声”是人类、动物、自然现象等所发出的声响。同时，国际学术界认为，文字必须是成体系的，以体系化的方式表述和记录语言。所以问题的关键在于这些字符放在一起能否表达完整的意思——这是单独的符号所不能完成的。

根据古文献记载，华夏文明的文字开创者当属仓颉。《说文解字·序》记载：“古者庖牺氏之王天下也，仰则观象于天，俯则观法于地，视鸟兽之文与地之宜，近取诸身，远取诸物；于是始作易八卦，以垂宪象。及神农氏，结绳为治，而统其事。庶业其繁，饰伪萌生。黄帝之史仓颉，见鸟兽蹄迒之迹，知分理之可相别异也，初造书契。百工以乂，万品以察，盖取诸夬。‘夬，扬于王庭’，言文者，宣教明化于王者朝廷，‘君子所以施禄及下，居德则忌’也。”由此来看，最早的文字演变史追溯到八卦，而后为“结绳记事”，接下来到了黄帝时期，史官仓颉见鸟兽的足迹而受启发，依照其形象创立了（书契）文字，他被后人尊称为“造字圣人”。东汉高诱注《淮南子·天文训》：“文者，象也。先天垂文，象日月五星及慧孛。”对照古文献记载，早期的陶符很可能是原始文字的形态之一，用于记事（图4–5）。

最早的文字演变史追溯到八卦，而后为“结绳记事”，接下来到了黄帝时期，史官仓颉见鸟兽的足迹而受启发，依照其形象创立了（书契）文字

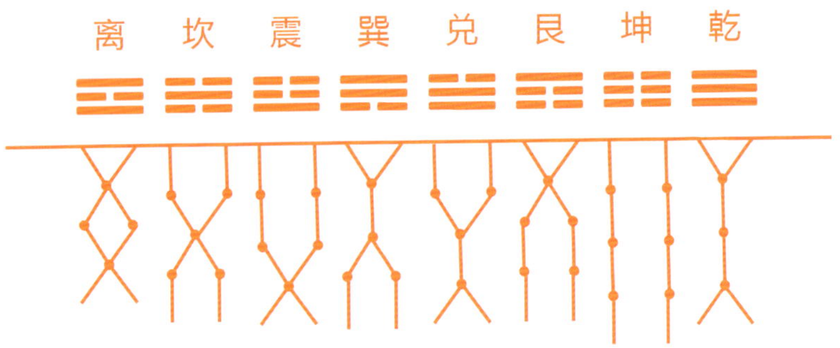

图片来源：八索图片原素材由张如柏教授提供。　（图4–5）

《周易·系辞》记载：“天垂象，见吉凶，圣人象之。”古人最早的“象”来源于对天的观察，用简单的符号把他们对天象的理解表达出来。伏羲所作的八卦图即对宇宙象的展示。三星堆出土的

这些带有刻符的陶器多被砸碎和焚烧，这应该与某种特殊的宗教祭礼有关，而原始的祭祀活动往往又与原始的天文历法有紧密联系。例如，殷商的甲骨文，实际上是一种卜辞。根据盖天论来讲，古人认为“天圆地方”，他们把龟壳看作天盖的象征，在龟甲上凿眼，再用火灼，龟甲上会出现不同的裂纹。而在古人看来，这些裂纹即模拟天象的不同变化，人世间的吉凶祸福通过龟甲上的裂纹体现出来。这些裂纹实际上就是上天对人的“启示”。古人对“示”的解读：“天垂象，见吉凶，所以示人也。示，从二，天地；三垂，日月星也。观乎天文，以察时变。示，神事也。”“祭祀”的祀，左边为示字旁。这都说明：与祭祀有关的人类活动其实与天文星象密切相关。因此，我们可以大胆地猜测，这些陶器上的符号是古人原始天文观的重要实证。

著名古文字学家于省吾先生曾说：“人类之进化，由结绳记事演进为数字记事，至今蛮夷犹有上古结绳之遗制。”郑玄《周易》注解：“结绳为约，事大，大其绳；事小，小其绳。”古人通过结绳来记录发生的事，按照这样的思路，一些学者尝试对各地出土器物上常见的符号做释读，例如，“×”代表数字五，“∧”代表数字六。三星堆遗址发现的七个陶符中也包含了“×”和“∧”这两个符号，按一些学者的解读，这里的“×”和“∧”即分别代表数字五和六，但是五和六与古人原始天文观有什么联系呢（图4–6）？

《周易·系辞》记载：“天一、地二、天三、地四、天五、地六、天七、地八、天九、地十。天数五，地数五，五位相得而各有合。天数二十有五，地数三十，凡天地之数，五十有五，此所以成

（图4-6）

变化而行鬼神也。”《易经》包含了理、象、数、占。天为阳，天数即阳数；数字一、三、五、七、九为阳、为奇。地为阴，地数即阴数；数字二、四、六、八、十为阴、为偶。阳数之和为二十五，阴数之和为三十，天、地数总和为五十五。所以从易的角度讲，数字五属于天五，数字六属于地六。另外，从生数和成数的角度来看数字五和六，五为生数，六为成数。人的每一只手有五根手指，与生俱来。一只手五根手指能表示的数为生数，五为生数之终，所以能抓住五，代表任何事情在自己的掌控之中。六需要两只手的指头配合来表示，因此六、七、八、九、十称为成数；六为成数之始。为什么中国人喜欢说“六六大顺”？大概是因为从六开始的数超过了一只手的掌控范围，由于对未来事物走向的不确定，人们内心希望一切不好掌握的事情都能往好的方向发展。所以生数又被定义为不做运算的自然数，成数是经过两数相加运算后的数。难怪在现实生活中，人们在做任何事情的时候，都要时刻提醒自己掌握一个度，心里一定要有“数”。

里的规矩

上篇中谈到三星堆的陶符可能有表示不同“数”的文化含义，本篇将参考一些学者的研究及结合《易经》中的“象数”思维，从新的视角更进一步释读“陶符”里所蕴藏的传统文化中的智慧。

何新先生在《诸神的起源》中谈到，《易经》中的数概念实际上是一种神秘的符号，所有的奇数代表了与天文有关的现象，故称“天数”，所有的偶数反映了地理方位的现象，故称地数。天一为太极、混沌，即道教人格化的元始天尊；地二为两向地理方位；天三为日、月、星三光；地四为东、南、西、北四正；天五为五行或五常，即金、木、水、火、土五星；地六为六合，即东、南、西、北、天、地；天七为七曜，即日、月及五星；地八为四正和四维，即东、南、西、北、东北、东南、西北、西南；天九为九道、九寰；地十为五帝及五佐。从记数的含义看，陶符“×”代表数字五，陶符“∧”代表数字六。从广义的角度讲，“×”和“∧”这两个陶符可以反映古人原始宇宙观念中的“阴”和“阳”。

换一种思路，抛开数的观点，从“象”的角度来看这两个符号我们会发现，这两个符号形象很像伏羲、女娲手里拿着的两把工具，规和矩。现在人们常说“没有规矩，不成方圆”。规可以用来画圆形，矩尺用来画方形。中国最古老的天文和数字著作《周髀算经》引商高之言：“数之法，出于圆方。圆出于方，方出于矩，矩出于九九八十一。”正好对应上古时期“天圆地方”的盖天说。

《淮南子·本经训》记载规和矩的用途："天地之大，可以矩、表识也；星月之行，可以历推得也。"其实规矩在上古时期既是木工的测量工具，也是天文地理的测量工具，所以伏羲、女娲手里的规矩是用来测量日月星辰和大地的。

伏羲、女娲传下来的这两样东西在大禹治水的时候派上了用场。相传在尧帝时期，中原地带洪水泛滥，于是尧召集大家来商议谁来担当治水的重任。后来大家推荐禹的父亲鲧来治水。鲧治水主要采用筑堤堵水，由于水势太大，这样的方法收效甚微，最终鲧治水以失败而告终。后来，鲧的儿子禹继承了父亲未完成的事业，重新治水。与鲧治水采取筑坝堵截的方法不同，禹采取了疏导洪水的方法，其要点就是疏通水道，使得水能够顺利地流入海。禹左手拿着准绳，右手拿着规矩，走到哪里就量到哪里，没日没夜地奋斗在治水第一线，甚至留下了"三过家门而不入"的故事，最后终于完成了治水大业。后来，他又根据山川地理情况，将中国分为九个州，分别是冀州、青州、徐州、雍州、扬州、梁州、豫州、荆州、兖州。在很多流传到现在的大禹图片中，我们都会发现他的手里拿着一个开叉的工具。

最早用来测量天地的尺寸、大小的工具为矩尺和圭表。大禹治水时，最早开始观察水情，搜集数据，测量距离用的工具为规、矩，后来治水时疏导挖掘用的工具是耜。《庄子·天下》记载："禹亲自操橐耜。"所谓"耜"是原始社会人们使用的一种锹形农具，主要用来挖土翻地，有石制和木制，木耜在金沙遗址有发现。大禹是当时官方任命的治水大臣，称为"司空"，相当于现在水利部、住建部的负责人。从古代文献对大禹治水的描述来看，大禹绝对是货真价实的“土木工程”专业的行家。俗话说，“巧妇难为无米之炊”，大禹再厉害，如果没有手里的规、矩两件法宝，赤手空拳来治水恐怕也是天方夜谭。画方圆的工具都是由“矩”演化而来的，所谓“矩”，是指由长短两尺垂直组成的方尺，现代木工还在使用。

《周髀算经》叙述了周公与商高的一段对话。周公问商高：“大哉言数，请问用矩之道？”商高说：“平矩以正绳，偃矩以望高，覆矩以测深，卧矩以知远，环矩以为圆，合矩以为方。”意思是把矩放平，可以测定水平和铅直方向；把矩仰放，可以测量高度；把矩倒置，可以测量深度；把矩卧于地面，可以测定水平距离；将矩环绕一周，可以得到圆形；将两矩合起来，可以得到长方形。孟子也说：“离娄之明，公输子（鲁班）之巧，不以规矩，不能成方圆。”意思是即使离娄的眼力再好，鲁班再心灵手巧，如果不用圆规和曲尺，也不能正确地画出圆形或方形。

所以“×”和“∧”这两个符号的含义无论从数的角度还是象的角度来看都是有深远意义的。一方面，在人类生活中，人们借助规、矩这两样工具创造出更美好的未来，从用途来讲，这是“形而下”的器；另一方面，这两样工具的产生是源于早期的圣贤对天地自然的观察，把天、地之象简化为两个符号，上升到了“形而上”的高度。

《周易·系辞》记载：“形而上者谓之道，形而下者谓之器。”“形而上”为道，“形而下”为器，而只有那些“心灵手巧”的人才能做到将道变为器。在古代，“心灵手巧”的人指的就是工匠，他们能通过自己的双手将“形而上”之道变为“形而下”之器。《说文解字》记载：“匠，木工也。”匠字由匚和斤组成。匠为会意，从匚，盛放工具的筐器，从斤（斧）。工具筐里放着斧头等工具，表示从事木工。工匠的工，既是声旁也是形旁，表示精巧器具。而巫的甲骨文象形为工（巧具）交叉组合，强调极为智巧（图4-7）。著名学者张光直先生认为“巫”为矩的变形，古代的矩为工形，可环之为圆，合之为方。

巫的造字本义：远古部落中智慧灵巧的通神者，以神秘法器，沟通天地，祝祷降神。从上文对甲骨文“巫”字的解读中不难发现，巫是古代极其智慧的一个群体，而古代匠人也是“心灵手巧”的一群人。“巫”手里沟通天地的神秘法器，从甲骨文象形来看形似工匠们所使用“规”和“矩”的结合体。规用来画圆，矩用来画方，巫用手里的法器（规矩）“通天达地”，匠人们用手里的“规矩”创造人世间美好的事物。从这层意义上讲，最早的巫与工匠们都是用心来创造美好的事物。所以这两个符号与其说是对古代工匠精神的最崇高的致敬，不如讲是古人“万物有灵”“心物一元”思想观的精神标识。

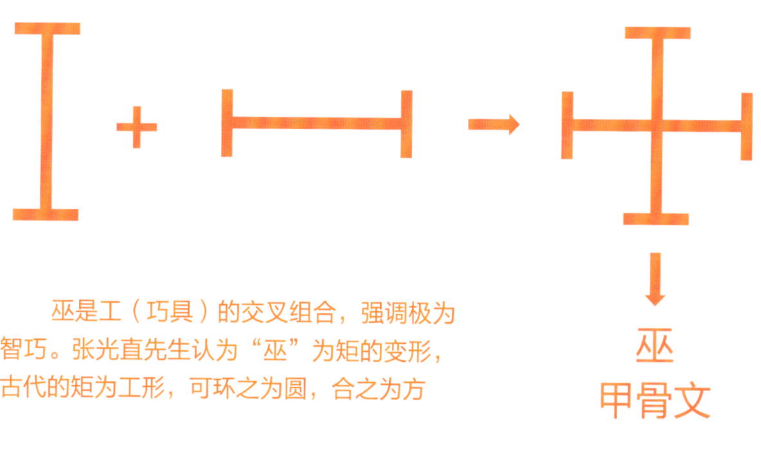

（图4-7）

三千多年前的古蜀文明达到了什么程度？从当时的青铜铸造技术便能管窥一二。

青铜冶炼首先需要采矿。与同一时代的中原青铜器采用孔雀石矿料不同，三星堆古蜀人炼铜的矿石以自然铜和蓝铜矿为主。据研究，三星堆青铜器的铜料可能来自四川会理及云南东川一带。当然，青铜器冶炼是一个庞大的系统工程，还包括运输、提炼、熔化、浇铸等一系列流程，获得铜料只是“万里长征”的第一步。三星堆遗址发现的这样大批量的青铜器，显然是统治阶级动用了全国的人力、物力、财力来集中完成的。这些充满神秘色彩和艺术魅力的青铜器不仅体现了古蜀国的最高生产力水平，同时也彰显着统治者们至高无上的权力。从某种意义上来讲，垄断了青铜铸造技术，也就垄断了世俗最高统治权，垄断了世俗最高权力也就获得了独一无二的与神沟通的权限。

那么青铜器究竟是通过怎样的方式被制造出来的呢？我们现在已知的中原商王朝的青铜器的制作工艺主要为范铸法。三星堆遗址出土了大量具有中原风格的青铜罍和青铜尊，这说明当时古蜀国与中原商朝之间或多或少存在着交流（图4–8、图4–9）。从三星堆出土的铜人头像中残存的泥芯和铜人头像顶部的范线可以看出，古蜀人青铜器的铸造同样采用了范铸法。为了让读者可以更加直观地了解这种铸造方式，接下来以青铜人头像的铸造过程为例进行说明（图4–10）。

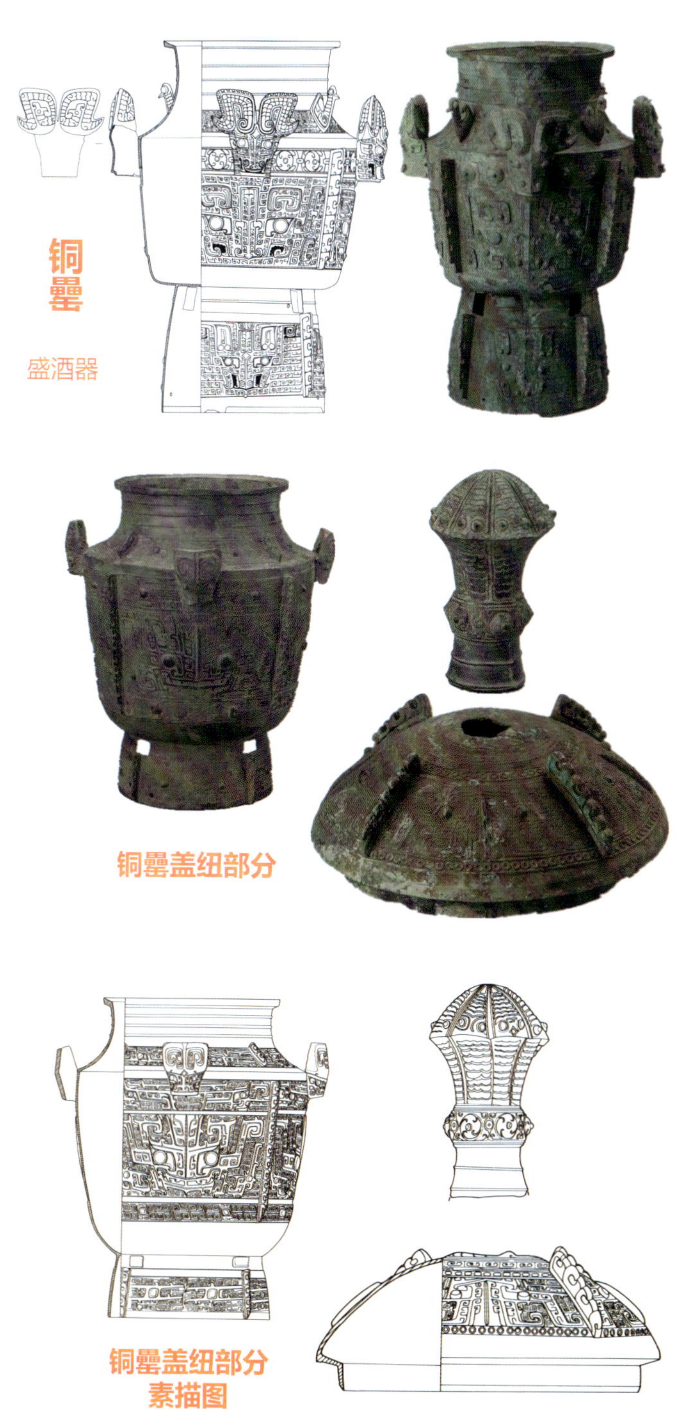

（图4–8）

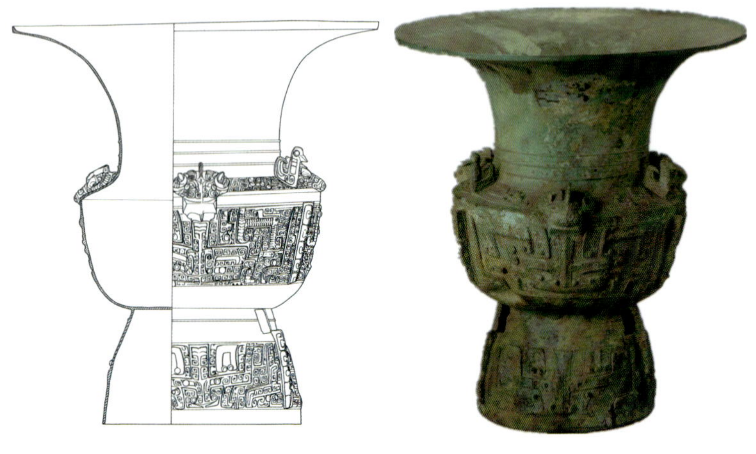

铜尊（盛酒器）　（图4-9）

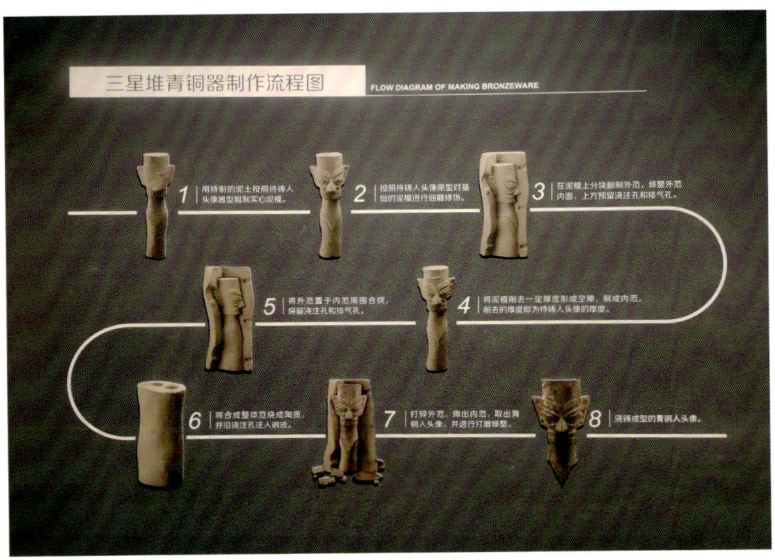

（图4-10）

第一步：制模。先用特制的泥做成待铸人头像器型的实心泥模。泥模的表面要细腻、坚实，这样方便在上面雕刻纹路。纹饰要在泥模干燥到适当的硬度时雕刻，凹陷部分直接在泥模表面刻出，凸起部分需要另外制好后贴在泥模表面。

第二步：制范。范的泥土制备较考究，要经过晾晒、破碎、分筛、混匀，并加入适当的水，反复摔打、揉搓，再经过较长时间的浸润，使之定性。接下来，将调和均匀的细质泥料紧按在泥模表面，同时修整外范内面，预留浇注孔和排气孔。

第三步：泥模变内范。为了便于铜液从浇注孔中流入“模范”之中，需要对内模表面精细化处理，即在泥模表面削去一定的厚度形成缝隙，此时的泥模即内范，缝隙的厚度即待铸的青铜器器壁的厚度。

第四步：内外合范。将外范置于内范周围合拢，此为“内模外范”，并保留排气孔和浇注孔。

第五步：浇注铜液。整体合范烧成陶质后，将铜液从浇注孔中倒入。

第六步：待铜液冷却凝固后，打碎外范，掏出内范，取出青铜人头像，对其进行打磨修整。完成以上的工序后，就得到铸造成型的青铜人头像。

由于当时采用的是陶范法，每一件陶模只能用一次，不能反复使用，这种铸造工艺可用一个成语来概括——“一模一样”（图 4-11）。

实物展示 （图4-11）

关于铸造青铜器的合金比例，《周礼·考工记》记载："金有六齐（剂）。"青铜器物六种不同的合金搭配比例：六分其金而锡占一分（铜占6/7，锡占1/7），是钟鼎类的比例；五分其金而锡占一分，是斧斤类工具的比例；四分其金而锡占一分，是戈戟类兵器的比例；三分其金而锡占一分，是大刃类兵器的比例；五分其金而锡占二分，是削杀矢类兵器或远射兵器的比例；金锡各半，是鉴（铜镜）、阳燧（可以对着太阳聚光取火）类器物的比例。

据有关研究，三星堆的青铜器合金成分主要为铅锡青铜，与《周礼·考工记》中所记载的青铜合金比例有着一定的出入。三星堆青铜器大多含有微量磷元素，通常具有较高含铅量，而铅元素的特点是流动性和延展性较好。可以说，高铅低锡是三星堆青铜器合金的一大特色。这种合金配比使青铜器匠人们可以充分利用铅的特性来大胆地追求青铜造型的繁复和优美。同时，由于含铅量高，铜器的硬度会相应降低，作为实用器的可能性不大，从而更突出其祭祀礼仪功能。从遗址内出土的大量各种类型的青铜器足以证明古蜀国的工匠们因地制宜，已经熟练掌握了各种青铜冶炼的技术，并且在长期的实践中还摸索出了一套自成体系的青铜合金配比。

古蜀国的青铜冶铸技术具有鲜明的地域特色，当之无愧是古代中国西南地区青铜铸造的"典范"。

形态各异的青铜头像

今发掘的三星堆祭祀坑共有两个，位于广汉市三星村，已被保护。祭祀坑出土的青铜头像共57件，其中一号坑13件，二号坑44件。从这些铜人头像的面部特征来看，大多眉峰高耸，大眼略向外凸，鼻、口皆大，唇紧闭，双耳与眉齐平，耳垂穿孔。从整体来看，头像面目严肃，正气凛然，透露出威严的阳刚之美，富有很强的艺术感染力。而它们的头饰造型存在两类明显的区别：一类为平顶型，阔眉大眼、高鼻大嘴、长发梳向脑后，学者们称其为“辫发型”；另一类为头后饰蝴蝶形花笄，或将发辫盘于头上，学者们称其为“笄发型”（图4–12）。有观点认为，它们的形态差异，代表了不同身份和不同级别的巫师；也有观点认为，这些不同发饰的青铜人头像或是说明其来自不同的地域，因为在古代，服饰和发饰是区分地域、族群的重要标志（图4–13）。

辫发型

笄发型

（图4–12）

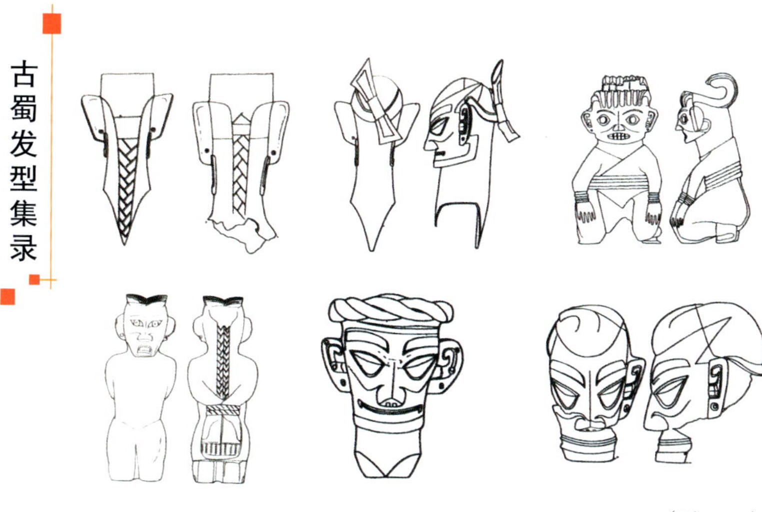

（图4–13）

如果从侧面仔细观察这些青铜人头像，会发现这不是古人面部的真实容貌。实际上，这是他们戴着面具的样子。从一号祭祀坑出土的圆头顶人头像，我们可以直接观察到头像戴着双角形面具（图4–14）。在神巫色彩浓厚的殷商时期，面具被认为是神灵寄居之所，更是祭祀礼仪活动中人们用来与神灵沟通的重要法器。这些戴面具的头像代表着古蜀国的高级巫祭成员，戴上面具就意味着连通了与神沟通的桥梁。但在众多的青铜人头像中，有一件青铜人头像却显得格外与众不同，这件青铜人头像的面部线条给人的感觉很柔和，鼻子呈蒜头形，面部的整体造型更接近于现实生活中的我们。有学者据此推测，这件头像很可能是众头像中唯一没有戴着面具的，或许这是一件女性形象的青铜人头像（图4–15）。

戴双角形面具的青铜人头像

（图4-14）

这件头像很可能是众多头像中
唯一没有戴着面具的，
或许这是一件女性形象的青铜人头像

蒜头形鼻青铜人头像

（图4-15）

青铜尊

『龙腾虎啸』

“尊彝”是古代中原上层统治者陈设于宗庙的重器，用于祭祀、宴飨、征伐等重大礼仪活动。中原殷商地区用于祭祀的“尊彝”中，青铜尊和青铜鼎代表了最高的礼仪规格，素有“九五之尊”“问鼎中原”的相关美誉。鼎在中原是最高等级权力的象征，三星堆遗址的祭祀坑中出土了八件尊，却不见鼎的踪影，这是因为古蜀人用金杖取而代之。如果说三星堆遗址出土的青铜面具及青铜人头像反映的是古蜀人自成体系的青铜文化，那么出土的具有中原风格的青铜尊、罍，则反映出古蜀青铜文化与殷商地区的青铜文化存在着关联。遗址内尊的基本造型有明显的商文化的风格，但器身的纹饰不乏自身的文化个性。可以说，古蜀人将商文化同自身文化巧妙地融合在了一起（图4–16）。

《说文解字》里解释尊是一种盛酒器，而金文中的尊字像一个人双手捧着酒器面向上天做着“顶礼膜拜”（图4–17）。这件青铜尊，体形高大，口沿广阔，鼓腹，高圈足，肩部以圆雕和浮雕相结合，塑造了3条生动的龙形象。腹部以三道扉棱为界，分隔3组相同纹饰，皆双虎食人之状。圈足平雕兽面纹饰，兽面纹也称饕餮纹。“饕餮”一词见于《吕氏春秋·先识览》：“周鼎著饕餮，有首无身，食人未咽，害及其身，以言报更也。”后来历代相传，就把在青铜器上这种睁着眼睛、张着嘴的纹饰称为饕餮。也有学者研究认为，青铜器身的兽面纹样或许是中原商王朝对周边蛮夷的贬低，将其形象丑化后，铸造在青铜器上来祭祀上天。

“龙腾虎啸”青铜尊　（图4-16）

与其他尊上的普通装饰纹样相比较，龙、虎组合纹饰是此尊的一大亮点。众所周知，虎是自然界的“百兽之王”，龙是穿梭于天地间的神兽，两者同时出现在祭祀器上，其尊贵程度可见一斑。从正面看铜尊上的虎，其面颊上有左右对称的旋转纹，额头上有明显的几何菱形纹。菱形即鱼纹的变形，鱼生活在水里，且繁殖能力强，象征着母体生殖崇拜，是对生命之源——水的崇拜。此外，王大有先

金文“尊”字

（图4-17）

生考证，几何菱形纹实质为上古太极图的一种表现形式，就是我们常说的太极阴阳鱼。这种几何菱形纹饰同样出现在铜虎上方的龙身上，从视觉感官来看，龙张着嘴巴，身体完全舒展，如果把这种菱形纹看作卷云纹，又好似神龙正在云中穿梭，兴云布雨（图4–18）。

古人对龙、虎组合的描述也不少。《淮南子》记载：“虎啸而谷风至，龙举而景云属。”《易传》记载：“同声相应，同气相求。水流湿，火就燥。云从龙，风从虎。圣人作而万物睹。”古人认为，同类声音频率相互感应，同类气息相互求合，如水流往低湿处，火接近干燥的东西，如龙吟祥云出，虎啸谷风生，有德行的圣人一出现，天下都看到了。依存天气阳性的便上升，依存地气阴柔性质的便下降，都是各自相随于同类的。龙为水物，云为水汽，故龙吟云出；虎吼威猛，荡谷飘风，故虎啸风生。这是在比喻有相同特质的东西会彼此吸引，相互感通，有美好内在或人格的人只要一站出来，万物便能清明地见到，有如在天翱翔的飞龙。

“云从龙、风从虎”源于对乾卦九五爻辞的解释。九五爻辞为“飞龙在天”，九五爻又为中正、尊贵之位，意即“九五至尊”，此尊应与神树、大面具及金杖一同为古蜀国最高级别的祭祀活动所使用。除此之外，与青铜尊同属酒器的青铜罍上面出现的羊纹饰也有着特殊的文化内涵。与龙虎的文化寓意不同，中国文化中的羊多与美好的事物有关，这或许是祭祀用的尊彝上面出现羊纹饰的一个重要原因（图4–19）。

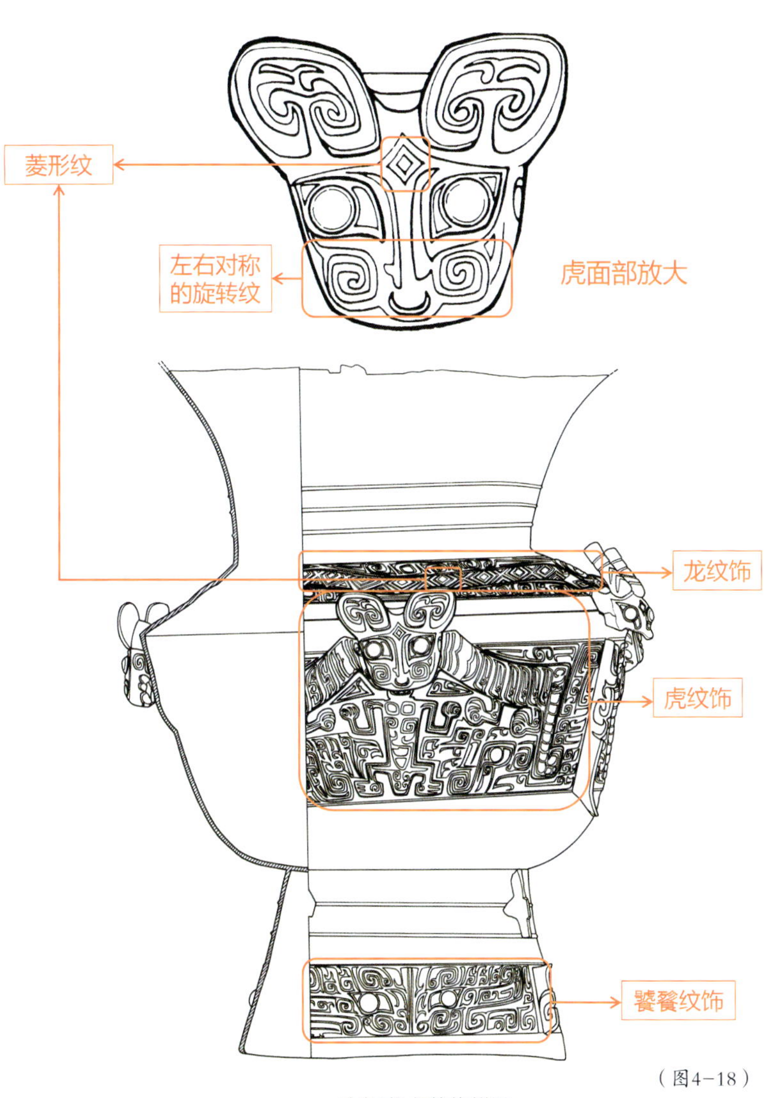

（图4-18）

青铜龙虎尊线描图

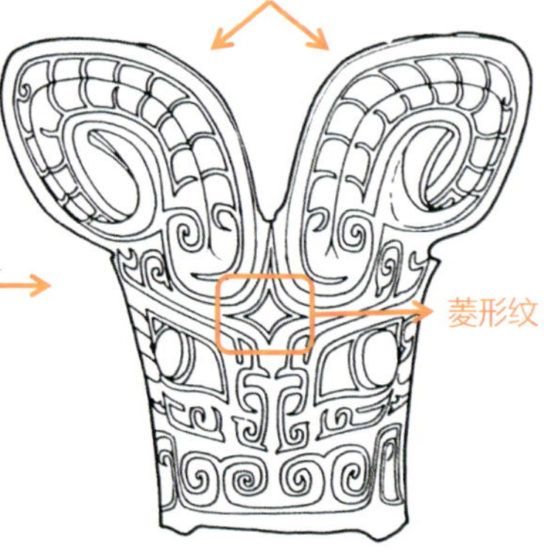

青铜罍颈部的羊纹饰

中国文化中的羊都与美好的事物挂钩，成语如"羊大为美"。农业社会自古讲民以食为天，古代与羊有关的最美好的食物称为"羹"。羊叫发出的声音咩，相当于哆来咪中的"咪"，在古代五音当中属于"角"。古文记载"角者触也"，寓意为生发之气，季节代表春天

（图4-19）

寅虎崇拜

在人们心中，老虎乃百兽之王，力大无比，刚强凶猛，行动迅捷，有关它的记载也很多。《山海经·海外北经》记载："有青兽焉，壮如虎，名曰罗罗。"有学者考证，"罗罗"即老虎。至今，彝族人自称"罗罗"，生活在西南地区的一些少数民族仍然流行戴虎头帽、穿虎形鞋的传统习俗。《风俗通义·祀典》记载："画虎于门……虎者，阳物，百兽之长也，能执搏挫锐，噬食鬼魅，今人卒得恶遇，烧悟虎皮饮之，击其爪，亦能辟恶，此其验也。"人们对老虎不仅喜爱，还赋予它们辟邪的能力。《山海经·海内西经》记载："昆仑南渊深三百仞。开明兽身大类虎而九首，皆人面，东向立昆仑上。"开明兽是长着九个脑袋的老虎，但面孔是人面，它面向东站立于昆仑山上。在蜀地的传说中，它本是为祸彭国的怪兽，后来被鳖灵降服，并为建国立功，鳖灵有感其功，遂在建国后自称开明氏；也有说法是开明氏乃古蜀国贤王，死后上天才化作开明兽。

远古时代，原始的氏族部落以为自己的祖先与某种动物或植物有着特殊的血缘关系，族人因此常常把此类动植物作为本氏族的徽号和象征。在神巫文化盛行的夏商时代，随处可见虎崇拜的迹象。三星堆遗址出土的虎造型文物有陶塑虎、金箔虎形饰和青铜虎形器等（图4–20）。此外，在青铜尊上有铜虎的形象，被称为“巴蜀图语”的巴蜀铜兵器上也有虎形徽。三星堆遗址出土的这件嵌绿松石虎形铜牌饰，双耳耸立，张口露齿，昂首怒目（图4–21）。虎尾尖微微翘卷，其前爪、后腿自然舒展，做奔跑状，呈现出动态的美感。虎体一面微拱呈半浮雕状，光素无纹，另一面全身上下的凹槽内镶嵌有方块状的绿松石。前后腿部还有半环纽，或许是用于穿线、悬挂。这件铜虎的做工如此精湛，应当是在特定的祭祀活动中使用的具有重要象征意义的礼祭用品。除此之外，青铜尊上的动物纹饰上，虎口下面有清晰的人物模样的图案，整个人物的头部包裹在虎口内，好似人被虎吞噬。

各地出土的青铜器上，老虎与龙搭配的造型时常出现，这种现实类动物与奇异类神兽的组合是殷商时代青铜纹饰造型艺术的一种主要风格，充满了奇幻色彩。按照人类学家张光直先生的看法，殷商时代的虎形饰件，主要充当巫作法通天时的动物助手。这样一来，古人的虎崇拜又与原始的天文观念融合在一起。1987年，在河南濮阳西水坡的墓葬中发现了一些用蚌壳做成的龙、虎造型的随葬品，测定其年代距今已有6500年的历史。有学者考证其龙、虎的造型反映的是二十八星宿概念中的“东方苍龙”星宿和“西方白虎”星宿。《汉书·律历志》继刘歆《三统历》而进一步阐明：“三统者，天施、地化、人事之纪也。”夏、商、周三代受天命者各不相同，所以各改正朔，使用不同的历法。《史记·日者列传》载，有建除家，其文曰：“寅为建（古代以北斗星的斗柄所指之辰谓之斗

（图4-20）

嵌绿松石虎形铜牌饰 （图4-21）

建。夏历正月建寅，商历正月建丑，周历正月建子），主生。子为开，丑为闭，主太阴。”

《礼纬·稽命征》记载：“夏禹建寅，宗伏羲。”传说中的伏羲为“人面蛇身”。蛇即地支中的“巳”，巳的五行为火，属阴，为阴火，农历月份为春夏交接的“孟夏之月”。对于重事农耕活动的部落文明来讲，巳月的重要祭祀活动为“龙（小龙为蛇）见而雩”。古代数术家的阴阳五行理论认为，寅为阳木，其地支含藏干本气甲木、中气丙火和余气戊土。甲为天干之一，主东方，五行属木。《尚书·洪范》记载：“木曰曲直。”木具有“舒展、生发”之意。而东方为太阳升起之地，阴消阳长，阳气逐渐生长与阴气平衡。十二消息卦当中的地天泰即寅月之象，三阳爻在下，三阴爻在上，此谓“寅泰”，又称“三阳开泰”，木气生发之象。木气乃寅虎象征，寅虎主东方，得东方苍龙的瑞象。阳木寅虎生阴火巳蛇，阴阳平衡，生化有情。农历二月二，龙才结束了冬眠，抬起了头；到了巳月，这时的龙已飞到天空，准备兴云布雨，实乃“龙腾虎跃”之象。古人对于这种天象的理解最直观的反映就是青铜尊上的龙、虎组合造型（图4–22）。

潘光旦考“伏羲是虎的别称”。伏羲的伟大功绩为创立了先天八卦，而原始的卦象又源于上古天文观。后世易学家们认为：“天始开于子，地辟于丑，寅历一会，人始生。物开于寅，泰卦也。天皇生在寅，地皇生在卯，人皇生于辰，伏羲在巳，神农、黄帝、尧、舜在午……”可以说，古人对虎的崇拜由最早的部族图腾逐渐演化到天文历法，进而升华为对生命起源的认知，这就是易学家们所讲的“物开于寅，寅人始生”（图4–22）。

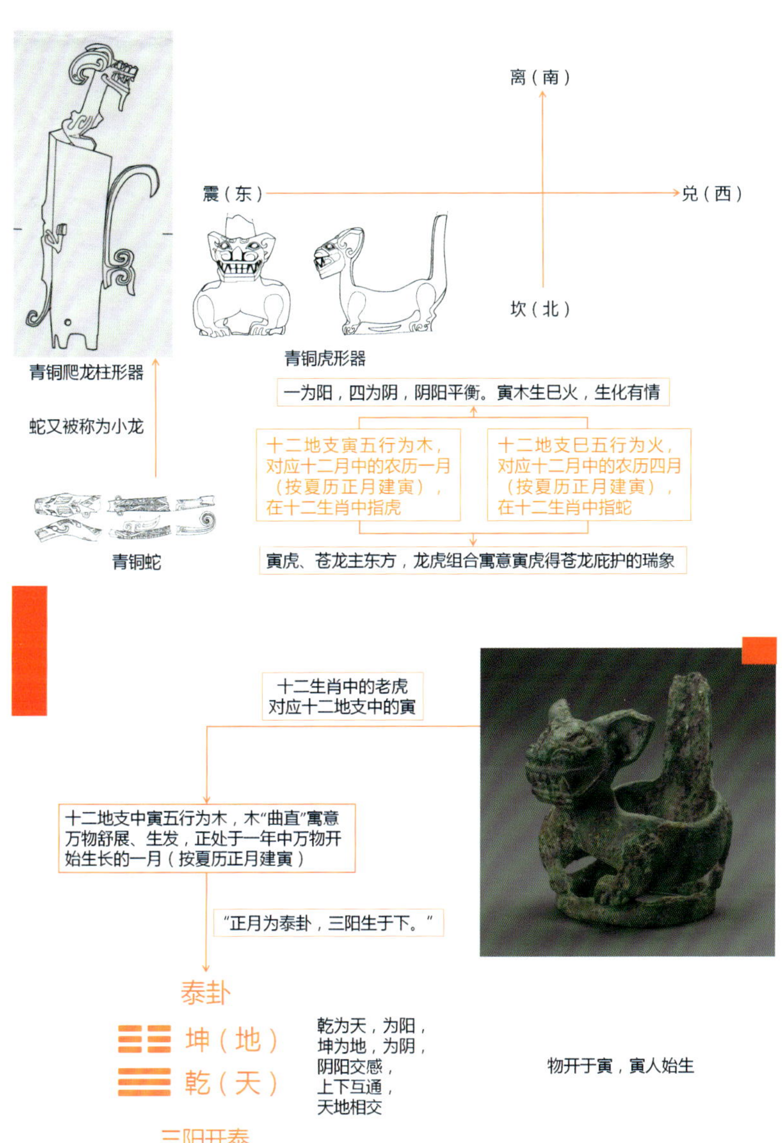
离（南）
震（东）
兑（西）
坎（北）
青铜爬龙柱形器
青铜虎形器
蛇又被称为小龙
青铜蛇
一为阳，四为阴，阴阳平衡。寅木生巳火，生化有情
十二地支寅五行为木，对应十二月中的农历一月（按夏历正月建寅），在十二生肖中指虎
十二地支巳五行为火，对应十二月中的农历四月（按夏历正月建寅），在十二生肖中指蛇
寅虎、苍龙主东方，龙虎组合寓意寅虎得苍龙庇护的瑞象
十二生肖中的老虎对应十二地支中的寅
十二地支中寅五行为木，木"曲直"寓意万物舒展、生发，正处于一年中万物开始生长的一月（按夏历正月建寅）
"正月为泰卦，三阳生于下。"
泰卦
坤（地）
乾（天）
三阳开泰
乾为天，为阳，
坤为地，为阴，
阴阳交感，
上下互通，
天地相交
物开于寅，寅人始生

（图4-22）

阴阳交合的菱形鱼纹

几何菱形纹是一种从新石器时代开始流行于陶器表面的纹饰，这种纹饰在半坡遗址和姜寨遗址的陶器上比较常见，通常被认为是普通鱼纹的一种变形，是半坡类型的鱼纹由简单到复杂、由自然写实风格到抽象艺术化的意象表达的演变。目前三星堆遗址出土器物的鱼纹风格主要有两大类：一类为自然写实风格，如金杖表面的两组双鱼纹饰；另一类为抽象的几何菱形鱼纹，这类纹饰主要出现在祭祀所用的青铜器和玉器上，例如铜牌饰、青铜蛇身的菱形纹饰、大玉边侧两璋的阴刻菱形纹及青铜小立人像腿部的菱形眼形器（图4–23、图4–24）。

这些菱形眼形器有完整的、二等分的、四等分的。如果把一个完整的菱形眼形器看作母体“太极”，二等分的看作“两仪”，四等分的看作“四象”，那么菱形眼形器展现的等分裂变造型便反映了古人心中事物的衍生状态，即“太极生两仪，两仪生四象，四象生八卦”。从这个角度看，象征阴阳结合体的完整的菱形鱼纹，与太极图上相互环抱的黑白阴阳两鱼具有了相同意义，代表着平衡、有序与和谐（图4–25）。阴阳的完美融合呈现出世间万物未分之前的母体状态，由此认为菱形鱼纹是古蜀人对母体崇拜的一种艺术表现。

闻一多先生在《说鱼》中写道：“种族的繁衍既如此被重视，而鱼是繁殖力最强的一种生物。所以在古代，把一个人比作鱼，在某一意义上，差不多就等于恭维他是最好的人。而在青年男女间，若称其

青铜牌饰上的菱形眼　（图4–23）

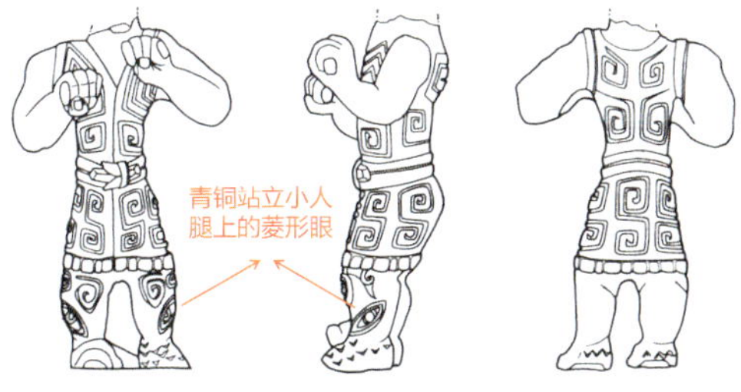

青铜小立人线描图　（图4–24）

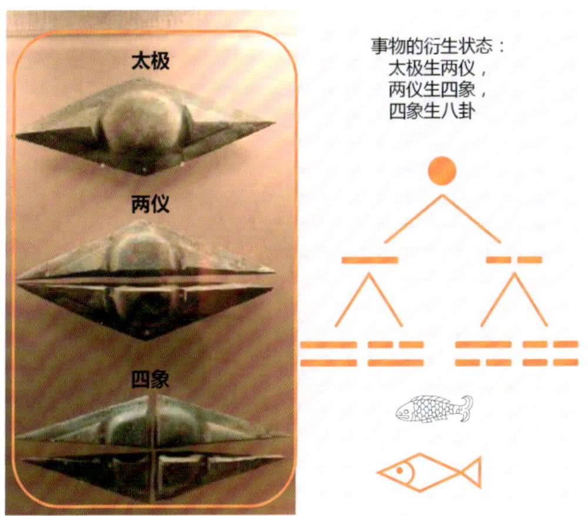

（图4–25）

对方为鱼，那就等于说：‘你是我最理想的配偶！’”流沙河先生在《诗经点醒》中讲，“关关雎鸠，在河之洲”，诗一开篇就引出“雎鸠”这种捕鱼的水鸟，是典型的场景设置，表面上看是远处的一群渔民正在捕鱼的场景，实际上是为“窈窕淑女，君子好逑”这一句所做的铺垫。以“捕鱼”来象征男女谈情说爱之事，可谓隐喻甚妙。

从三星堆遗址出土的大量与农业生产相关的酒器可以看出，古蜀国的农业文明已高度发达，而鱼在古蜀农业文明的演进中扮演着重要的角色。孔子曾说：“《诗》三百，一言以蔽之，曰：‘思无邪’。”什么是“思无邪”？“思无邪”代表最真挚的情感，对于人类而言，最真挚的情感首先体现在如何立足于自然界。生存是第一位的，即解决“饮食”问题，然后考虑怎么活下去，即怎样看待人类两性的问题。把“男女”之间的性质放在宇宙生命的大背景下，就引出了一个哲学概念——“阴阳”。“一阴一阳之谓道。”而鱼这种水生的动物，特点为产卵多子，这就寓意着农耕部落的人丁兴旺，农业发展有充足的劳动力。

有着“太极”寓意的完整菱形鱼纹，其孕育的阴阳含义还可以从五行水、火的角度来解读。菱形眼形器的菱形纹由鱼纹演变而来，象征水；其造型像眼睛，象征火（太阳）。而自然界的水、火（太阳）是维持自然生态系统周而复始有机循环的两大必要条件。一个完整的菱形眼形器里同时包含着水、火两种五行元素，从《易经》水火既济卦的角度来看，水为坎卦居上，火为离卦居下，水火交融，相得益彰，阴阳平衡之象（图4–26）。

菱形青铜器
的文化含义：

鱼纹的演变，
象征水；
造型像眼睛，
象征火。

水火既济，
水上火下，
水火交融，
相得益彰。

坎
离

水火既济

（图4-26）

『玉』的工匠精神

三星堆遗址出土了上千件精美玉石器，从地质学和矿物学分析，三星堆的玉类大多为碧玉，石类大多为大理岩。这些玉石器的时间跨度为从考古文化分期中的一期文化至四期文化，其中大多数属于考古文化分期中的二期和三期（距今3200—4000年）。这些玉石器种类繁多、做工精良、造型独特，经研究推断，大多数玉石器属于宗教祭祀活动使用的礼器，这些玉制礼器与青铜器交相辉映，共同铸造了三星堆古蜀文明的艺术辉煌。20世纪90年代，在遗址北面鸭子河滩地上发现了几块玉石毛坯料，三星堆的玉石器大多由这种毛料精加工而成（图4–27）。通过研究分析，这些玉毛料主要产自川西北的茂县、汶川一带，再结合在遗址北面的鸭子河西

玉石原料 （图4–27）

泉坎一带出土的大量玉石器，由此推断，三星堆的玉石加工作坊很可能就在鸭子河旁。

让人惊叹的是，这些玉石毛料表面有明显的人为切割痕迹，经专业鉴定，这些痕迹至少在三四千年前已经形成。而当时的金属工具只有青铜，但青铜器的硬度不足以把坚硬的玉石毛料给切割开。俗话说，玉不琢，不成器。玉石的加工工艺是非常烦琐复杂的，大致要经过锯、凿、挖、琢、钻、磨、雕刻、抛光等一系列工艺流程。很难想象，古蜀先民们在生产水平普遍低下和自然环境相对恶劣的上古时代，用怎样的方法和工具来制作这些玉石器。目前主流的学术观点认为，当时主要采用两种方法来切割玉石原料——线切和砣切。所谓“线切”，是用一些天然的兽筋——例如牛筋，其韧性较好——做成线条或绳状，在玉料表面来回不断地摩擦，同时不断地加水和解玉砂。由于摩擦生热，加水可以降温以避免兽筋过早磨损，加解玉砂增强硬度。现代实验证明，通过长时间的来回摩擦确实能把玉料完全切开。何为砣切呢？砣是一种圆盘状的工具，用砣来“琢磨”玉料，其表面会留下明显的圆弧形痕迹。

当然，无论用线切还是砣切，都必须使用解玉砂。宋应星所著《天工开物》详细描述了古人制玉的工艺流程。清代李澄渊所绘《玉作图》记录了制玉的主要步骤（图4–28）。其制玉的第一步为捣砂研浆，说明了解玉砂的重要性。过去制玉的砣本身的硬度不足以琢磨掉玉的一部分，它是靠着在砣与玉之间的砂，一点一点地磨掉玉石的某部分。琢玉用的砂是从天然砂中淘出的，分红砂、黑砂、黄砂等，其中黑砂硬度最高，可以达到8～9度（三星堆出土的

制玉图解

〔清〕李澄渊

（图4-28）

玉石器硬度普遍在5～6度）。研浆是把琢磨用的砂加工到要求的精细程度，使其在沉淀过程中自然分层。

也许有朋友会问，这些玉石器表面的钻孔是怎么做的？目前的研究认为，钻孔主要分为管钻和桯钻两种。所谓管钻，是用竹管一类的工具在玉石两面向中央同时对钻，钻的过程当中不断加水、加解玉砂。通过一些玉石表面所留下的管钻错位痕迹，学者判断这种方法在当时已经被普遍使用。桯钻即用细棍状的坚硬工具，类似骨针一类，配合解玉砂在玉石表面钻孔。一些玉管、玉串珠上的穿孔很可能是用这种方法来完成的（图4–29）。

古代制玉工具

管具

管具是一种内部中空的圆管状制玉工具，利用回旋转动力量达到研磨玉料的目的，在古代玉器发展中使用历史悠久，主要用于打孔、去料及镂空等。

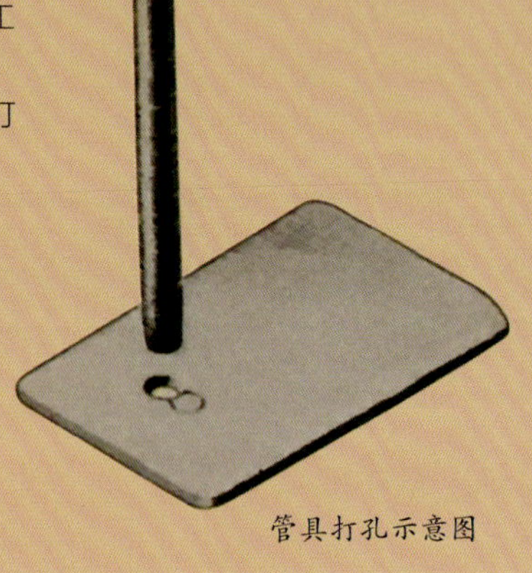

管具打孔示意图

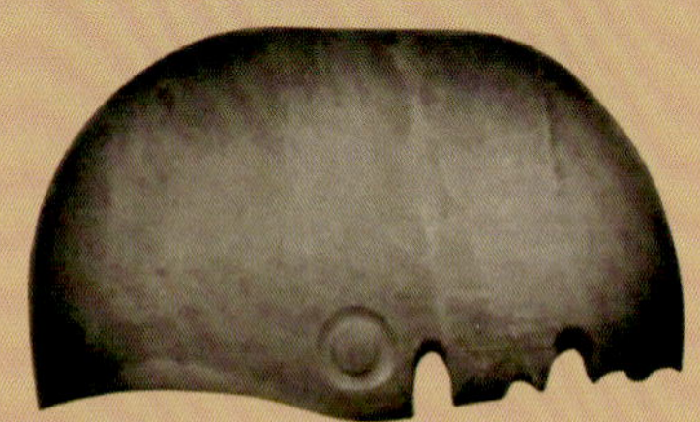

三星堆玉璋上的管钻痕迹

桯具

桯具是一种锥状实心工具，是中国古代玉器发展中使用最为悠久的制玉工具之一。在古代制玉过程中，桯具主要用来钻孔、镂空和压地。

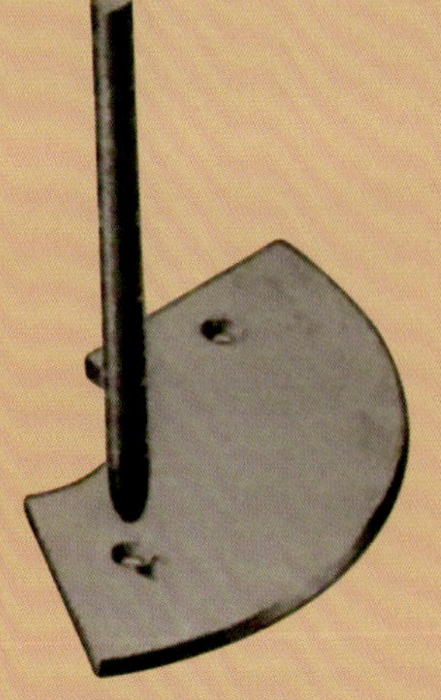

桯具打孔示意图

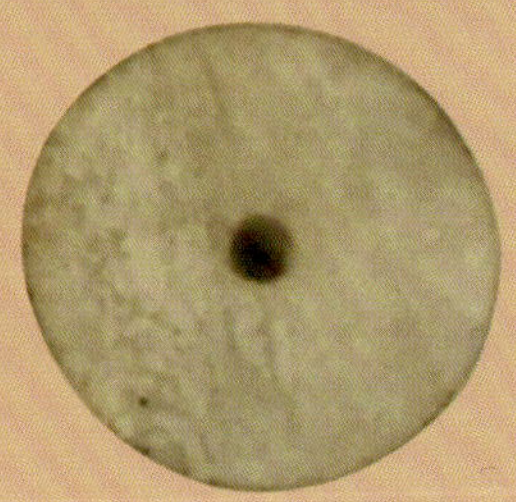

三星堆玉泡形器上的
桯具钻孔痕迹

片具

片具是一种呈扁平长条状的制玉工具，一边有无齿平刃。片具的使用方法类似锯子，即来回拉切，同时借助解玉砂，以消耗玉料。片具主要适用于切割。

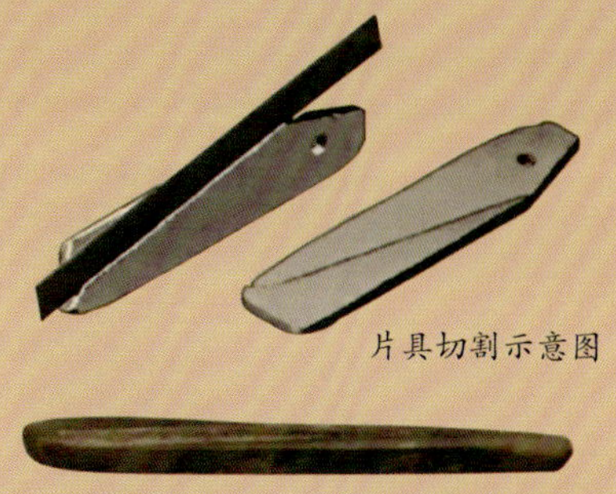

片具切割示意图

三星堆玉凿上的片切割痕迹

砣具

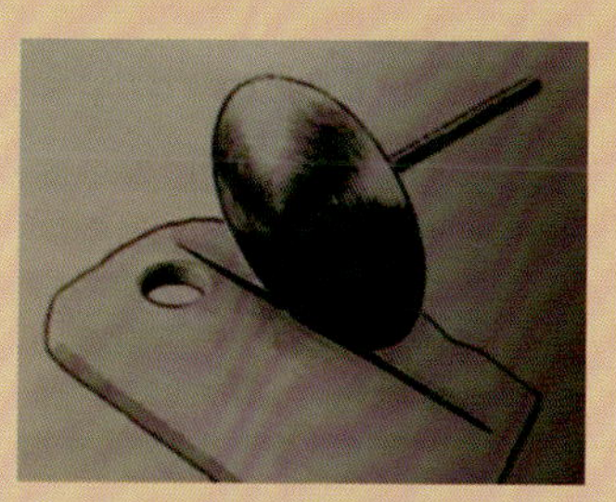

砣具使用示意图

砣具是一种圆盘状工具，有大小厚薄的差异，功能各有不同。砣具可用于切割、琢纹、镂空、打孔、打磨等，是制作玉器最普通的工具。

出土器物上的砣切痕迹

线具

自新石器时代以来，线具即是制玉的主要工具之一，其材质、形态乃至操作方式都随着时代的嬗变而不断发生转变。线具包括软性线具、金属三角棱线具及金属薄刃线具。软性线具盛行于新石器时代晚期，多用于切割或镂空的制作。

良渚文化玉璜上的线切割痕迹

红山文化玉块上的线切割痕

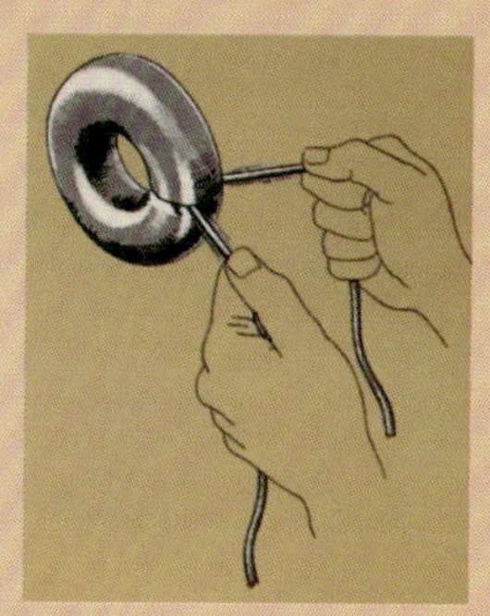

线具拉切示意图

（图4-29）

《周礼·春官》记载："以玉作六器，以礼天地四方。以苍璧礼天，以黄琮礼地，以青圭礼东方，以赤璋礼南方，以白琥礼西方，以玄璜礼北方。"天地四方就是四方上下，称为宇，这是"六合"的一个概念。这里的玉之六器对应的天地四方实际上讲的是空间的概念。祭祀时，玉被做成六种器物，用来进献天地四方，用苍璧进献天，用黄琮进献地，用青圭进献东方，用赤璋进献南方，用白琥进献西方，用玄璜进献北方。

三星堆出土的玉石器中，璧的数量很多，有玉制的，也有石制的。一般来讲，把体形扁平、周边圆形，中央有孔且边大孔小的器物称为璧。其中一些玉璧的中心穿孔边沿位置还有凸出的一圈，这种类型的璧称为"有领璧"。穿孔称作"好"，边缘器体称作"肉"。除了玉璧之外，遗址内也出土了一些玉瑗和玉环。这些玉瑗、玉环不仅选料考究，制作工艺也相当精湛，一些玉璧、玉瑗、玉环的器身上有一圈圈规整的同心弦纹，非常精美。许多玉环上都有很小的方孔，在如此薄的玉器身上琢磨出极小的孔，可见古人技艺的精湛。细心的朋友会发现，玉璧、玉瑗、玉环形制很接近，主要区别在于中心穿孔的大小孔径不同。《尔雅·释器》记载："肉倍好谓之璧，好倍肉谓之瑗，肉好若一谓之环。"玉璧最早产生于距今约五六千年前的新石器时代，它是中国古代玉文化中最为核心的一种玉器，它的出现可能和古代人原始的宇宙观有一定的联系（图4-30、图4-31）。

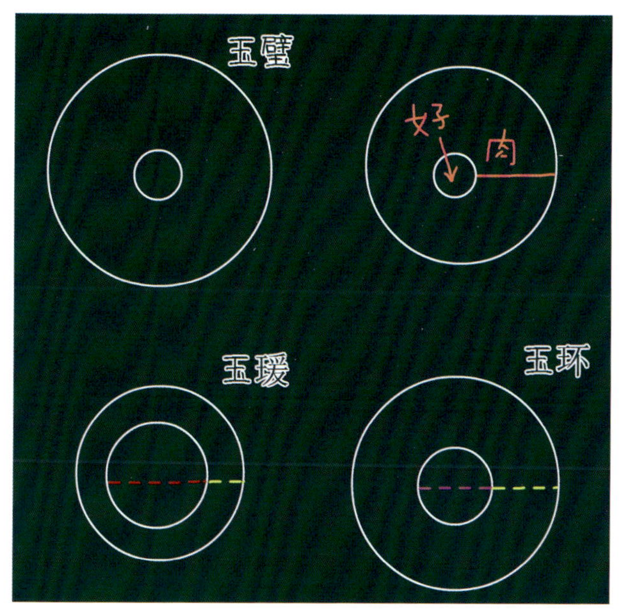

玉璧、玉瑗、玉环的区别　（图4-30）

玉璧

三星堆出土的玉璧与《尔雅》记载的玉璧特征有所不同，体现出古蜀人在吸收外来文化的基础上，创造出自己独特的玉璧

（图4-31）

三星堆出土的玉璧、石璧数量很多。目前发现的最大一件石璧直径有70多厘米，厚近7厘米，重达百斤，堪称“石璧之王”（图4–32）。在它的中间有明显的类似管钻法掏取出来的圆孔，上面也有明显的弦纹。这件石璧的来历也很有意思，它是在1929年燕家院子出土的众多玉石器中的一件，后来由燕家后代捐献出来，收藏在三星堆博物馆。还有一些石璧不是单个出土的，大多以成组的形式从小到大排列在一起，叠置如石笋一般。这些石璧的孔径有大有小，大的直径达10厘米，小的直径2～3厘米，推测这些玉石器在三星堆人的生活中，并非普通阶层的人可以使用，而是有一定地位的人才能使用。如果按《周礼》的说法，这些玉璧、石璧主要用于礼天，但有些学者研究后认为这些成组的玉璧、石璧也具有类似“乐”的功能性特征，即原始祭祀活动中的乐器。

祭祀的时候“礼”和“乐”往往是搭配在一起使用的。所谓“礼”，天地之序也，而“乐”，天地之合也。在《中国玉石璧音乐性能研究》一书中，作者提出了“同律度量衡”的概念，并且以全新的视角通过对我国新石器时代至商周之际约200件玉石璧，以及铜铃、石磬等音乐文物，做音乐声学测量、音乐性能探讨及综合研究得出结论，单件玉石璧音高清晰、纯净、泛音排列符合规律。何为“同律度量衡”？这句话最早在《尚书·舜典》里面提到过。《尚书·舜典》记载：“协时月正日，同律度量衡。”所谓同律度量衡，就是统一了音律、度、量、衡。按照现代人的理论知识体系很难理解，音律怎么能和长度单位、数量单位、重量单位混为一谈呢？其实，现代科学分割性强，而在古代，传统的中华文化把整个宇宙看作一个庞大的有机体，认为宇宙的每个分支之间都是有紧密联系的，在一定的条件下，相互可以转换。因此，古人认为，律是度、量、衡这些计量单位名称的起源。

（图4-32）

至尊至贵的『玉戈』

戈是商周时期一种常见的兵器，在冷兵器时代是用于勾杀的武器。人们常说“金戈铁马”，可见戈在古代兵器中具有较强的杀伤力。由于玉石本身质地较脆，且各地大量出土的玉戈无使用痕迹，所以以美玉制成仿实战用的玉戈，则作为兵器的象征物或显示威武的兵制礼器和仪仗器。据考证，以玉为原料雕琢的玉戈始见于中原的二里头文化。三星堆出土的玉戈，形制较为简单，多呈扁平体，由援（戈的长条形锋刃部分）和内（戈后面较细的部分）两部分组成。在援的部分，上下皆有刃，所以这种兵器叫“全刃器”。援一般平直或呈三角形，顶端尖锐，内做长方形，中间琢一圆孔，可以嵌入木柄。内又有直内和曲内之分（图4–33）。

（图4–33）

与青铜戈不同的是，玉戈作为一种礼仪兵器，基本保持了尖峰、直内的简洁样式。而青铜戈从增强使用性、增加杀伤力的实战意义出发，在援和内相接处增加了上下的突出物，称为“阑”，援的下部也逐渐延伸出来，称为“胡”。此外，玉戈面出脊，或光素，或有兽面纹饰和铭文。三星堆遗址的玉戈大多制造于商代晚期，仅在二号祭祀坑就出土了玉戈21件，部分玉戈前锋被火烧过，可能与当时的祭祀活动有关。从形制来讲，大多数玉戈呈三角形尖锋，直内，刃口锋利，中脊及刃部线条明显、流畅，少数玉戈的援末两侧边刃装饰有对称的小扉牙（图4–34）。与同一时期中原的玉戈相比较，三星堆的玉戈器身光素，没有发现铭文。在原始巫教盛行的古蜀国，玉戈的出现应当是祭祀活动中王权和巫术紧密结合的体现，彰显了权力、礼制的威严。除此以外，在两军对垒中，其中一方在阵前向另一方展示这些精美的玉戈，也可能达到不战而屈人之兵的效果。

在祭祀活动中，祀神的仪式称为“礼”，祀神的歌舞称为“乐”，原始的“礼乐”来自上古时期的祭祀活动。不同的“礼乐”有着不同的含义，正如《周礼·大司乐》记载：“以六律、六同、五声、八音、六舞大合乐，以致鬼神示，以和邦国，以谐万民，以安宾客，以说远人，以作动物。乃分乐而序之，以祭，以享，以祀。乃奏黄钟，歌大吕，舞《云门》，以祀天神。乃奏大蔟，歌应钟，舞《咸池》，以祭地示。乃奏姑洗，歌南吕，舞《大韶》，以祭四望。乃奏蕤宾，歌函钟，舞《大夏》，以祭山川。乃奏夷则，歌小吕，舞《大濩》，以享先妣。乃奏无射，歌夹钟，舞《大武》，以享先祖。”

装饰有对称扉牙的玉戈 （图4-34）

《周礼》讲，天子祭祀为最高规格，用“六乐”。所谓“六乐”即祭祀不同对象的乐舞。《云门》为轩辕黄帝时期用于祭祀天神之乐；《咸池》为尧帝时期用于祭祀土地神之乐；《大韶》为舜时期的乐舞，用于祭四望；《大夏》为夏朝大禹时期的乐舞，用于祭山川；《大濩》是商代的乐舞，主要用于祭祀祖先；《大武》是周朝的乐舞，用于祭祀周代先祖。祭祀的乐舞又有“文舞”和“武舞”之分。商朝之前的各朝代采用禅让制，因此把没有使用礼仪类兵器的祭祀乐舞称为“文舞”，而以《大濩》《大武》为代表的商朝和周朝的王是以武力得到天下的，因此把在祭祀时使用礼仪类兵器的乐舞称为“武舞”。在后来的《左传》中记载了楚子的一段话，让我们真正理解了什么是“武”：“止戈为武。……夫武，禁暴、戢兵、保大、定功、安民、合众、丰财者也。”《礼记·乐记》记载：“乐者，天地之和也；礼者，天地之序也。”所以，这些威仪的玉戈体现了古蜀国神秘诡谲的原始礼乐文化及古蜀人追求的人与自然高度融合的精神世界。除了玉戈，三星堆还出土了少量三角援铜戈，由于其尺寸较小，应当与玉戈一样同属礼仪兵器（图4–35）。

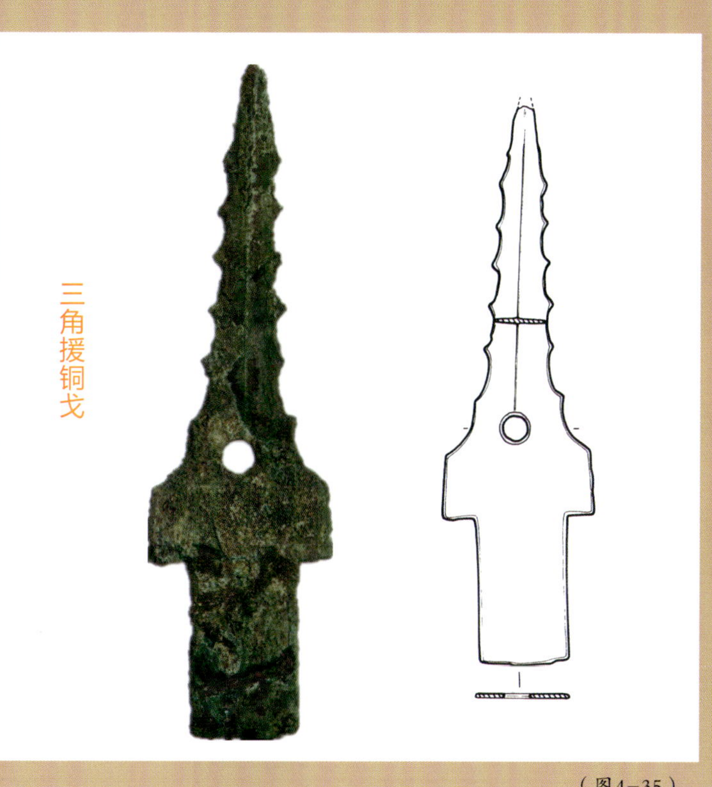

（图4–35）

FAJUE SANXINGDUI DE GUSHI

FAJUE SANXINGDUI DE GUSHI

发掘三星堆的故事

1929—1934年，神龙初显

1929年春天，四川省广汉市南兴镇一名叫燕道诚的农民正与儿子燕青保在自家门前不远处清理水沟。突然，他们听到一声锄头撞击硬物的声音。他们随即再挖下去，发现了一大批躺在泥土中的玉石器。燕道诚在前清官府做过“笔杆”，是一个比较开明的文化人，被当地人唤作“燕师爷”。燕道诚一看这些玉石器，知道是“宝物”，他怕张扬出去会有麻烦，于是不动声色地将这些“宝物”原土掩埋，待到夜深人静，他才和全家人一起连夜挖出器物并搬运回家中，在微弱的油灯下清理出各类玉石器四百多件。

转眼时间来到1931年，燕家发现宝贝的消息已扩散开来。当时正在附近传教的英国基督教传教士、剑桥大学博士董宜笃得知后非常关注此事，但认为自己是外国人，不宜直接出面，便找到当地的驻军团长、自己的信徒陶宗伯，专程去燕家借了五件文物带到华西协合大学（1910年由基督教会创办的医科大学，以下简称“华大”），请美籍地质学家戴谦和鉴定。戴谦和当即断定它们为商周遗物。同年6月，戴谦和与董宜笃在陶团长的协助之下来到月亮湾一带调查，当燕道诚听说自己挖出的宝贝对研究很重要时，便将家中“收藏”的一部分器物交给戴谦和带回华大博物馆保管。

1929年出土的部分器物

燕道诚全家像

燕家院子旁早年出土玉石器的倒流堰沟

1934年春天，受广汉县县长罗雨苍的邀请，华大博物馆馆长、文化人类学与考古学教授、美籍传教士葛维汉带着发掘执照和审批手续率考古队前来广汉进行三星堆历史上的第一次科学发掘。1934年3月1日，葛维汉同副馆长林名均奔赴广汉月亮湾现场，罗县长安排了县政府几名工作人员协助，并派出80名士兵驻扎现场进行发掘保护工作。由于当时社会局势不稳定，匪盗猖獗，发掘工作进行了十天便告结束。本次发掘面积共108平方米，出土、采集了600多件器物，其中有石璧20件，圭、石珠10余件，以及3件石斧、1件石锥、2件石刀等。

华西协合大学博物馆葛维汉（D.C.Graham）教授

葛维汉教授与考古发掘工作人员合影

1934年三星堆月亮湾考古发掘相关人员合影

发掘结束之后，葛维汉等人将出土文物送到县里。罗雨苍认为这批器物的科学价值很高，决定全部送给华大博物馆（作为华大博物馆继承者的四川大学博物馆，目前仍在“为中国人永久地保存”当年这些来之不易的珍贵遗产）。之后，葛维汉编写完成了《汉州发掘简报》，这是历史上第一份有关三星堆的科学报告。在报告中他十分准确地指出，这批器物的年代上限为铜石并用时代（新石器时代晚期向青铜时代过渡的时段），下限大约为公元前1100年。事后郭沫若先生写信盛赞参与此次发掘的人员是“华西科学考古的先锋队”。

1953—1981年，迷雾寻踪

1953年，以四川大学考古系教授冯汉骥为代表的四川考古界人员几次到三星堆一带进行考古调查。在多次调研之后，冯先生认为：“这一带遗址如此密集，很可能是古代蜀国的一个中心都邑。”

1975年春天，广汉南兴镇二砖厂工人在三星堆土埂上取土的时候，意外发现了大量的陶器残片。虽然取土活动被当地文物部门紧急叫停，但“三星堆”的那三个土堆从此就只剩下了半个。

1980年11月至1981年5月，四川省文物管理委员会、四川省博物馆和广汉县文化馆在三星堆脚下进行发掘，共发现房屋基址18座、灰坑3个、墓葬4座、玉石器110多件、陶器70多件及10万多件陶片。这次发掘的报告《广汉三星堆遗址》指出，这是在四川地区分布较广的、具有鲜明特征的、有别于其他任何考古学文化的一种古文化，已经具备了夏鼐先生提出的命名考古学文化的三个条件，建议命名为“三星堆文化”。

 1985—1986年，重“军”出击

1985年春，考古队在三星堆一段残存的土梁埂断面上试掘，发现叠压在三星堆一期文化层上的土梁埂是人工夯筑的，按其位置推测，这可能是商代早期的一段南城墙。此外，西边戴家梁子长600米，东边陈家梁子长1800米（被砖厂挖去一段后，残存1100米）。这样，东、南、西三面有城墙，北面是鸭子河，城中有马牧河从西北向东南穿城而过，这应是一座转角无城墙、未封闭的商代早期古城。

1986年3月5日，三星堆遗址展开了三星堆历史上最大规模的考古发掘活动。这次发掘分三个分掘区，在短短三个多月中，发掘了5×5米的探方53个，总面积达1325平方米。有的专家、学者认为，其丰富的底层堆积，可以为四川新石器时代晚期到夏、商、周的考古研究建立一个年代学的体系，可以作为古蜀文化的分期标尺。

在这次田野发掘结束的一个多月后，1986年7月18日，广汉市南兴镇二砖厂的民工杨运洪和刘光才在取土时听见锄头底下传来脆响……

两坑：

一号祭祀坑

后来民工们在距离地面1.5米深的地方，挖出了十多件玉石器。考古队接到这一消息后，火速赶往现场，进行了抢救性发掘。随着发掘工作的不断深入，铜尊、铜盘等器物相继出土，出乎意料的是，如同真人头大小的青铜人头像也相继出现。

7月30日凌晨，当陈显丹老师发掘坑中部西壁边缘的时候，一位民工突然用手碰了他一下，说："小陈老师，你来看，这里好像有一条'鱼'。"他立即探身过去，发现是一件黄色的物体，他用小竹签剔去骨渣，把灰烬抹去，发现其竟然是黄金质地的。他带着激动的心情继续清理，只见黄金物体有许多的鱼鳞纹，他的心情愈发激动和紧张。就这样，金杖耀眼出世了。（黄金啊！那时候就有黄金了！）

砖厂民工在三星堆"土埂"旁的偶然发现，将埋藏三千年的地下宝库突然打开了，犹如神话中"阿里巴巴宝藏"再现。

一号祭祀坑先后清理出青铜人头像13件，经过修复整理，还有青铜人面像、铜尊、铜器盖等青铜器178件；玉璋、玉环、玉戈等129件；石戈、石矛、石斧等70件；陶罐、陶盘等39件；海贝124枚；金器除了金杖外，还有金面罩、虎形箔饰、金块等4件。

二号祭祀坑

清理完一号祭祀坑，不到一个月，二号祭祀坑的一角又被砖厂取土民工发现了。8月14日，杨永成、温立元在取土的时候，一锄头挖到了青铜人面像的额头，刨开一看，布满铜锈的人面像的眼睛、鼻孔出现了。由于砖厂民工在一号坑见过这类器物，便意识到自己挖到“宝物”了，立即上报考古队。经过清理发掘，二号坑比一号坑器物还多。清理时，六十多根象牙就这样突然出现在考古队员面前，使人瞠目结舌。在象牙下层是满满一坑的青铜器，还有玉石器等。经过修复整理，二号祭祀坑共出土各类青铜器735件，金器61件，玉器百余件，玉管、玉珠等380件，石器10余件，象牙67枚。

三星堆发现两坑的消息持续升温，引起了社会各界的关注：

考古工作者发掘的广汉三星堆遗址……把巴蜀早期历史推前了1000余年……出土的精美器物和房屋布局，说明当时已有发达的农业、畜牧业、手工业、建筑业，显示出其已达到文明社会阶段。

《人民日报》1986年8月24日

迄今我国发掘的数量最多、形体最大的古代青铜雕像群……对研究中国巴蜀地区青铜器时代的历史提供了罕见的实物资料，填补了中国青铜艺术和文化史上的一些重要空白，这说明3000年前的我国古代艺术家之青铜雕塑技术已十分成熟。

《光明日报》1986年12月10日

过去，在世界青铜器时代考古史中，只有埃及、希腊才有出土的真人大小的青铜人雕像、真人头部大小的青铜人头雕像、真人面部大小的黄金面罩，如今中国也发现了这些文物，其中不少都是全国首次发现……这次发掘是四川考古取得的突破性进展，是全国商周考古的重大成果。

《文汇报》（香港）1986年12月21日

四川广汉三星堆遗址发现商代晚期大型祭祀坑，使古代巴蜀文化的历史从春秋战国时期上推了近2000年……这些美妙绝伦的出土文物，将使你在欣赏我国辉煌的古代艺术中得到有益的启迪。

《人民日报》（海外版）1987年10月5日

我国商代考古获重大成果，广汉发现两个大型祭祀坑。出土的青铜头像、人像、面具、金杖、玉器等独具风格，并发现大规模城墙……这一重大发现，将古蜀文化推前了约千年。

《中国文物报》1987年10月10日

广汉的发现可能是出土金属文物最多的一次发现，它们的发现可能会使人们对东方艺术重新评价。中国的青铜制造长期就被认为是古代最杰出的，而这次发现无论在质量上还是数量上都使人们对中国金属制造的认识上升到了一个新的高度。

戴维·基斯（英国著名学者）

这些发现看来比有名的中国兵马俑更要非同凡响。

杰西卡·罗森（伦敦不列颠博物馆首席中国考古学专家）

这里是蜀文化的生长点。

三星堆遗址是相对独立发展、长期稳定的古文化古国古城。

苏秉琦（中国考古学泰斗）

这简直是世界奇迹。

童恩正（著名考古学家、四川大学博物馆前馆长）

三星堆文化有其独立起源和独立发展脉络，其作为高度发达的区域性文明与世界上最兴盛的古文化时间相当。

三星堆遗址这么大规模的发现意义重大，和世界考古史上一些重要发现如特洛伊的发现或者尼尼微的发现，是完全可以相比的！我们对三星堆文化的评价还没有达到充分的程度。

李学勤（夏商周断代工程首席科学家、中国先秦史学会前会长）

1986年两坑发掘后至今，厚积薄发

20世纪90年代，考古工作者进一步确认了三星堆古城的城墙体系与古城的结构功能布局，进一步印证古城为三千年前古蜀国的政治、经济、文化中心所在地。1997年11月至1998年7月，四川省文物考古研究所、三星堆博物馆对属于遗址范围的仁胜村墓地进行发掘，共发现29座墓葬，出土了大量的随葬品，其中的“玉锥形器”与太湖流域的良渚文化有着较深的关联。

2001年12月17日，中央电视台《直播中国》栏目通过卫星，向全世界现场直播三星堆月亮湾发掘工地情况。

2013年1月15日，主持三星堆遗址考古发掘工作的四川省文物考古研究院对外宣布，疑似古蜀国“宫殿”的青关山大型建筑基址群和“仓包包城墙”“北城墙”，相继被发现和发掘。青关山大型建筑基址群是三星堆遗址“十二五”规划考古工作的重要项目之一，也是四川省为数不多的主动性发掘项目之一。遗址位于一个高出地面约3.5米的人工夯筑台基上，揭露部分为一个由红烧土墙基围绕的建筑基址，建筑面积约900平方米，是目前西南地区发现的最大的商周时期单体高台建筑。

目前，我国实行的文物政策方针为“保护为主、抢救第一、合理利用、加强管理”。随着对遗址区内更大范围的发掘，很可能在不远的将来还会重现如同1986年两个祭祀坑“沉睡数千年，一醒惊天下”的奇迹。

路漫漫其修远兮，吾将上下而求索。

注：本篇内容部分选自肖先进等编著《三星堆发现发掘始末》。

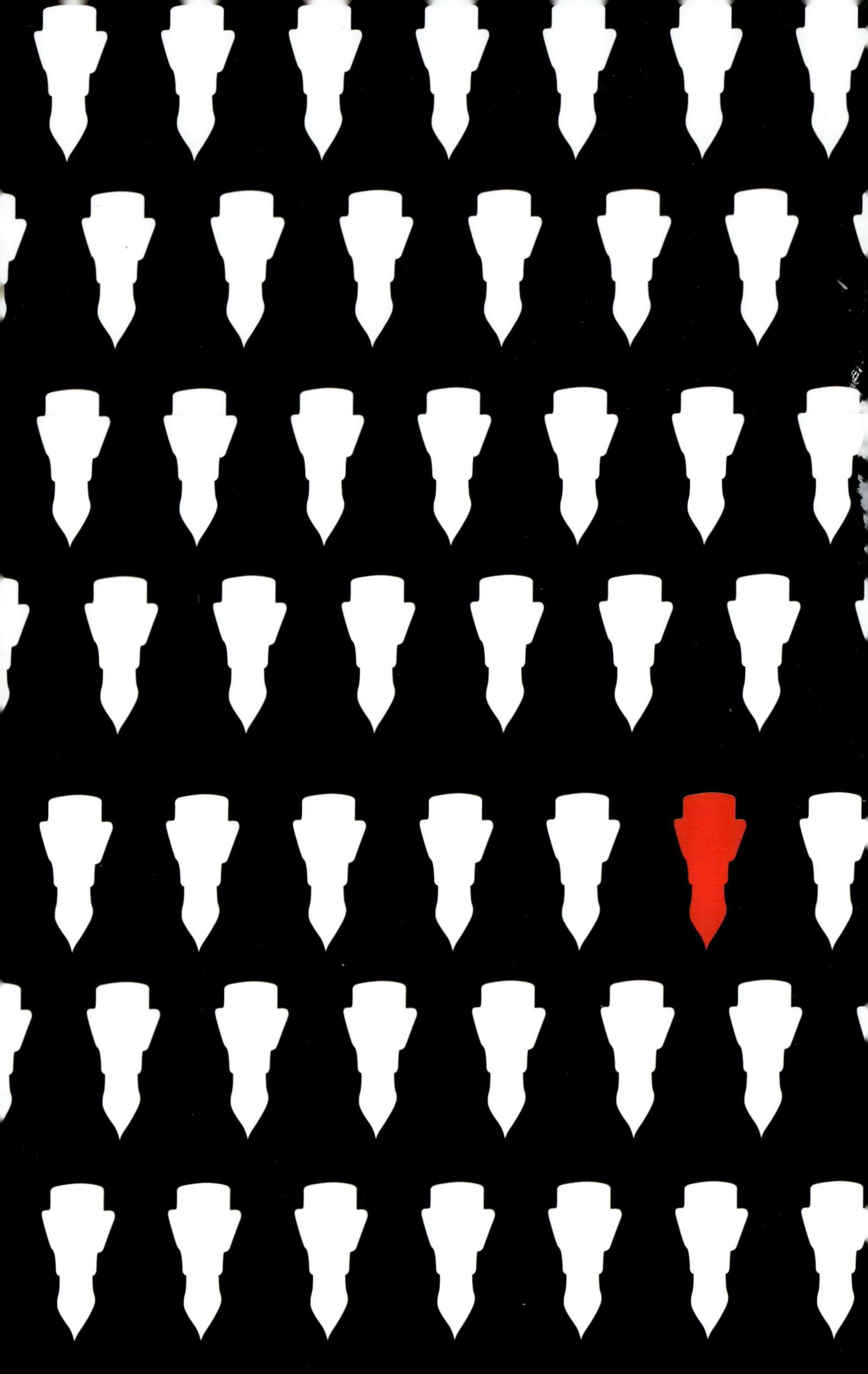

感谢三星堆博物馆提供文物素材，四川戊戌国学文化有限公司配图。感谢四川戊戌国学文化有限公司高级学术顾问木子老师对本书的学术指导。感谢肖先进先生、朱家可先生、朱亚蓉女士、冯时先生、张如柏先生、陈立基先生、唐斌先生的支持。

三星堆之眼

SANXINGDUI ZHI YAN

三星堆之眼

SANXINGDUI ZHI YAN